Sharon Salzberg

Das Handbuch der Achtsamkeit und Güte

Aus dem Englischen von Andreas Zantop

////////////////// SILBERSCHNUR //////////////////

ISBN 978-3-89845-345-5

1. Auflage 2011

Übersetzung: Andreas Zantop
Gestaltung & Satz: XPresentation, Güllesheim
Umschlaggestaltung: XPresentation, Güllesheim; unter Verwendung des
Motivs #10083565, www.istockphoto.com
Druck: Finidr, s.r.o. Cesky Tesin

Verlag »Die Silberschnur« GmbH · Steinstraße 1 · D-56593 Güllesheim
www.silberschnur.de · E-Mail: info@silberschnur.de

Den Menschen von Tibet und Birma,
die mit Weisheit und Mitgefühl für diejenigen leben,
die anderen Leid zufügen wollen;
in Ehrfurcht vor der alles übertreffenden Stärke
liebevoller Güte und Achtsamkeit und
der Lauterkeit der Gewaltlosigkeit,
die sich jeden Tag in diesen Menschen offenbart.

Inhalt

Einführung

Es braucht Mut, ja sogar Kühnheit, um aus alten Gewohnheitsmustern herauszutreten und mit Eigenschaften wie liebevoller Güte und Achtsamkeit zu experimentieren – mit ihnen zu arbeiten und herauszufinden, wie sich unser Leben durch Anwendung dieser Qualitäten wandeln und öffnen könnte. Dieses Buch ist eine Einladung, genau das zu tun. Güte und Achtsamkeit können zutage treten als Mitgefühl, Großzügigkeit und Aufmerksamkeit. Diese Qualitäten können wir uns selbst erweisen sowie auch den uns nahestehenden Menschen, die wir schätzen, aber auch denen, die wir als schwierig empfinden, ebenso Freunden, Fremden und dem Leben als Ganzes. Damit sich Güte, Achtsamkeit und Mitgefühl in unserem Leben besser entfalten können, ist es wichtig, sie von Eigenschaften wie Halbherzigkeit, Mitleid und passiver Nachsichtigkeit zu unterscheiden. Güte, Achtsamkeit und Mitgefühl müssen mit Weisheit erfüllt, von Mut getragen und mit Balance versehen sein.

Mitunter führt das Praktizieren von Güte und Achtsamkeit schnell zu erfreulichen Ergebnissen. Dann wiederum kann es uns aber auch enorm viel abverlangen und uns sehr schwerfallen – und doch fühlt es sich für uns immer noch richtig an. Manchmal ist der wichtigste Empfänger dieser Qualitäten der am meisten übersehene – wir selbst. Und zu anderen Zeiten ist der hingebungsvolle Dienst am Mitmenschen das Wichtigste, damit wir selbst wirkliches Lebensglück erfahren und aufrechterhalten können.

Dieses Handbuch ist eine Sammlung von Geschichten, Meditationsübungen, Inspirationen, Gedichten und Lehren, die allesamt auf die Kraft und Gnade von Güte und Achtsamkeit hinweisen.

Das Buch besteht aus drei Teilen:

Teil eins, "Die Grundlagen", befasst sich mit den Grundgedanken zu Liebe, Güte, Achtsamkeit und Mitgefühl – und mit wahrem Glück auf einer höheren Ebene, als wir sie im täglichen Leben sonst erfahren.

Teil zwei, "Der Einstieg", untersucht die verschiedenen Dimensionen von Liebe und Mitgefühl für uns selbst, die oft im Verborgenen liegende "Zutat", durch die Güte und Achtsamkeit in unseren familiären und gesellschaftlichen Beziehungen und auch am Arbeitsplatz zum Ausdruck kommen.

Teil drei, "Der Ausdruck", überträgt die Konzepte Güte und Achtsamkeit auf viele verschiedene Bereiche unseres Lebens und wirft einen Blick darauf, wie unsere stärksten Sehnsüchte und Bestrebungen in der Realität zusammenkommen, um unser Leben inmitten der alltäglichen Umstände neu zu gestalten.

Dieses Buch mit seinen verschiedenen Meditationsübungen, Anekdoten, Ratschlägen und Hinweisen ist so aufgebaut, dass Sie es wie einen "Reiseführer" durch die weite Welt der Güte und Achtsamkeit benutzen und von Anfang bis Ende durchlesen können. Sie können aber auch genauso gut spontan und intuitiv eine beliebige Seite davon aufschlagen; vielleicht ist das, was Sie dann auf jener Seite lesen, eine Hilfe bei der inneren Einkehr und Betrachtung Ihrer gegenwärtig vorherrschenden Lebensumstände ...

TEIL EINS

Die Grundlagen

Der Buddha sagte einmal: "So wie die Morgendämmerung der Vorbote und das erste Zeichen des Sonnenaufgangs ist, so ist die rechte Erkenntnis der Vorbote und das erste Zeichen vorbildlichen Charakters."

Unsere Sicht von uns selbst, von unseren Fähigkeiten und dem, was uns im Leben wirklich wichtig ist, formt unsere Ziele und Absichten, die wiederum unsere Handlungen beeinflussen. Die Art und Weise, wie wir unser Leben betrachten, wird zur Grundlage dessen, wie wir handeln und leben, und führt uns zur Frage, ob unsere Entscheidungen von Liebe, Güte und Achtsamkeit geprägt sind. Die Transformation unserer Sichtweise führt zur Transformation unseres gesamten Lebens: Wir erleben dann Gefühle von Glück, Verbundenheit und Freiheit. Diese Dinge sind nicht in unserem äußeren Wesen festgelegt; vielmehr sind sie Teil unseres inneren universellen Potenzials und dessen, zu dem wir uns entwickeln.

Die Suche nach Glück

Ein Freund von mir hatte vor einer Weile eine Reise nach Indien unternommen, und einen Tag bevor er abreiste, führten wir noch ein Gespräch am Telefon. Es stellte sich heraus, dass er die Reise mit einem anderen Freund unternehmen würde, der für die beiden alle Reisevorbereitungen getroffen hatte, und dieser Person war entgangen, dass er und sein Freund für nur etwas mehr Geld in der Business statt in der Economy Class hätten fliegen können – etwas, das bei einem so langen Flug natürlich sehr viel bequemer gewesen wäre. Wir sprachen darüber, ob es noch möglich wäre, die

Flugtickets umzutauschen, und wenn ja, ob sie einen zusätzlichen Umbuchungszuschlag zahlen müssten – und wie schön es überhaupt wäre, in der Business Class zu fliegen. Ihre Überlegung war: Wenn sie ohne große Mehrkosten in der Business fliegen könnten, würden sie entspannt und ausgeruht ankommen statt erschöpft und unzufrieden. Mitten in unserem Gespräch über eine mögliche Umbuchung fragte mein Freund: "Was würde es wohl kosten, in der ersten Klasse zu fliegen?"

Diese Art von Geisteshaltung ist mir sehr vertraut. Sitzt man erst einmal in der Business Class, denkt man sofort darüber nach, erster Klasse zu fliegen. So sind wir nun mal konditioniert; es gibt da immer noch etwas, was wir auch oder zusätzlich wollen, bevor wir uns überhaupt die Zeit genommen haben, das zu schätzen, was wir bereits haben oder im Begriff sind zu erlangen. Die Bandbreite der Möglichkeiten und Umstände ist nahezu grenzenlos. Wir nehmen eine Geisteshaltung ein, in der wir nach einer Verbesserung streben, dann nach einer weiteren ... und dann nach noch einer und so weiter – und dies kann endlos so weitergehen. Ein bewussteres Leben zu führen hat aber viel damit zu tun, die Gewohnheit, immer noch mehr zu wollen, abzulegen. Hier geht es tatsächlich um eine Art "Dekonditionierung", darum, sich von einer beschränkten Geisteshaltung zu befreien und eine völlig neue Sichtweise zu entwickeln, was Glück und Freude angeht – eine, die uns nicht so verletzlich macht hinsichtlich Erwartungen und Enttäuschungen und daraus mit Sicherheit resultierender Unzufriedenheit. Wir müssen lernen, uns von Habgier und Anhaftungen zu lösen, und wir müssen den Mut aufbringen, unsere bisherigen Konditionierungen hinter uns zu lassen.

Eine wichtige Frage, die wir uns selbst stellen könnten, ist: "Was brauche ich hier, in diesem Moment wirklich, um glücklich zu sein?" Die äußere Welt liefert uns viele Antworten auf diese Frage: "Du brauchst ein neues Auto und ein neues Haus und eine neue Beziehung und …" Aber ist das wirklich so? "Woran mangelt es mir gerade? Muss sich irgendetwas ändern, damit ich glücklich sein kann? Was brauche ich wirklich?" Dies sind ganz grundlegende Fragen.

Wenn ich mich auf meinen Reisen durch südostasiatische Länder in Klöster oder ähnliche Refugien zurückziehe, brauche ich für den Aufenthalt an diesen Orten gewöhnlich kein Geld zu bezahlen, und die dort erhältlichen Speisen sind ebenfalls kostenlos, weil sie von bestimmten Gruppen oder Familien als selbstlose Gabe gespendet wurden. Ich bin sicher, dass all diese Menschen garantiert das Beste geben, was sie sich leisten können, doch die Spenden und Gaben fallen von Tag zu Tag sehr unterschiedlich aus, je nach den Lebensumständen derer, die sie spenden. Manchmal ist es ein verschwenderisches, üppiges Fest, und alles ist im Übermaß vorhanden. Dann wiederum kann es sein, dass die Speisen ziemlich knapp sind, weil es zu jenem Zeitpunkt alles ist, was die Familie spenden kann.

Immer wieder ging ich für eine Mahlzeit in den Speiseraum und schaute in die Gesichter der Menschen, die etwas gespendet hatten, denn gewöhnlich kommen sie, um den Menschen zuzuschauen, denen sie die Speisen schenken. Und immer wieder sah ich die großzügigen Spender vor Freude strahlen, dass sie die Gelegenheit hatten, uns zu verköstigen, uns etwas anzubieten, das unserer Versorgung diente. Sie schienen so glücklich darüber zu sein, dass wir uns dank ihrer Gaben der Meditation, der Erforschung der Wahrheit und der Läuterung unserer Geister und Herzen widmen konnten. In jenem Moment, als echte Freude auf ihren Gesichtern zu sehen war, weil sie eine Gelegenheit zum Geben hatten, fragte ich mich selbst: "Was brauchst du hier und jetzt wirklich, um glücklich zu sein?" Und ich stellte fest, dass die eigentliche "Nahrung", die mich wirklich "sättigte", nicht so sehr die gespendeten Speisen, sondern vielmehr die Freude und Glücksgefühle dieser Menschen waren.

Der Dalai-Lama sagte einmal: "Wenn du schon selbstsüchtig bist, sei wenigstens weise selbstsüchtig." Mit anderen Worten: Wenn wir einen gründlichen Blick auf unser Leben werfen, können wir feststellen, dass wir unglaublich viel Zeit mit der Suche nach Glück verbringen – nur leider an den falschen Orten und auf die falsche Weise. Wir sehnen uns nach Glück, und das ist auch eigentlich richtig so; alle Lebewesen wollen glücklich sein. Das Problem liegt jedoch nicht in unserem Verlangen oder Sehnen, sondern in unserer Unwissenheit. Nur allzu oft wissen wir nicht, wo wir Glück – und zwar wahres, echtes, anhaltendes Glück – finden können, und so mühen wir uns ab, wir leiden und fügen anderen Leid zu.

Wenn ich so durch alle Arten von Gefühlen und Erfahrungen auf meiner Reise durchs Leben – Freude, Vergnügen, Verwunderung, Kummer, Ärger, Bestürzung – hindurchgehe, stelle ich mir immer wieder diese Frage zu meiner Orientierung: "Was brauche ich hier und jetzt wirklich, um glücklich zu sein?" Und immer wieder gelange ich zu der Antwort, dass es nur so profunde und grundlegende Qualitäten wie Liebe, Verbundenheit, Güte und Achtsamkeit sind, die mich auf Dauer wirklich glücklich machen.

DAS METTĀ-SUTTA – DAS SUTTA VON DER GÜTE

So soll der handeln, der das Heil erstrebt,
nachdem die stille Stätte er erkannt:
Er sei energisch, aufrecht, unbeirrt,
doch sanft und ansprechbar, hat Stolz verbannt.

Genügsam sei er, unschwer zu erhalten,
bescheiden, nicht betriebsam, und auch klug,
er zügelt seine Sinne und seinen Geist,
ist nicht anspruchsvoll, hat leicht genug.

Nicht gilt sein Trachten einem mind'ren Ziele,
das ihm von Weisen trüge Tadel ein:
Den Wesen allen werde Glück und Frieden,
sie alle mögen glücklich sein.

Was immer existiert an Lebewesen,
ob sie umherzieh'n mögen oder standfest,
flach ausgestreckt sind oder hochgestalt,
klein oder mittel, schwächlich oder handfest,

vor Augen oder aber im Verborg'nen
hier in der Nähe oder fern daheim,
geboren oder erst noch im Entstehen:
Die Wesen alle mögen glücklich sein.

Er sollte niemals einen andern schmäh'n,
und niemanden, wo immer auch, verachten;
aus Ärger und aus Feindlichkeit soll man
sich gegenseitig nicht nach Unheil trachten.

Gleich einer Mutter, die das eig'ne Kind,
das einzige, beschützt mit ihrem Leben,
soll gegenüber allen Wesen er
den Geist von Schranken frei zu machen streben.

Zur ganzen Welt soll Güte er entfalten
und seinen Geist von Schranken ganz befrei'n,
nach oben, unten und in flacher Richtung,
nicht eingeengt, von Hass und Feindschaft rein.

Ob stehend, gehend, sitzend oder liegend:
Wie immer er der Schlaffheit nicht verfällt,
soll diese Geisteshaltung er erzeugen:
Dies nennt man "Brahma-Weilung" in der Welt.

Indem er keiner falschen Ansicht huldigt,
die Silas pflegt, und wenn Erkenntnis sein,
hat er die Gier nach Lüsten überwunden:
Er geht in keinen Mutterschoß mehr ein.*

Der Buddha

---

* Quelle der deutschen Übersetzung siehe Quellennachweis, Seite 209

Liebe ist eine Fähigkeit

Als ich vor einigen Jahren den Film *Dan – Mitten im Leben!* sah, verschlug es mir im Kino fast den Atem, denn im Film sagte einer der Protagonisten an einer bestimmten Stelle etwas, das wie eine Zusammenfassung meines Lebenswerks klang: *"Liebe ist kein Gefühl, sondern eine Fähigkeit."*

Bei meiner Arbeit, Menschen die Meditation über liebevolle Güte und Achtsamkeit zu lehren, betone ich dies immer wieder. Wenn wir Liebe als ein Gefühl ansehen, dann ist es fast so, als handelte es sich um eine Ware – und entsprechend fällt fast immer unser Urteil über "Angebot und Nachfrage" dieser Ware aus: "Ich habe nicht genug, es fühlt sich nicht richtig, nicht intensiv genug, zu intensiv an …"

Doch wenn Liebe eine Fähigkeit ist, gibt es nichts zu beurteilen oder zu bewerten. Als eine Fähigkeit ist Liebe nicht den verheerenden Wirkungen ausgesetzt, die Aspekte wie Zeit (oder der Mangel daran), Verlust, Unsicherheit oder Enttäuschung mit sich bringen können. Als Fähigkeit ist Liebe immer ein Potenzial, das bereit ist, zu blühen, zu gedeihen und unser Leben zu bereichern. Bei unserem Auf und Ab im Leben erfahren wir Gewinne und Verluste, wir ernten Lob oder Tadel, müssen uns vielleicht sogar ungerechtfertigte Schuldvorwürfe anhören – doch in unserem Innern wohnt immer die Fähigkeit zu lieben, ob bereits als solche erkannt oder nicht, ob praktisch zum Ausdruck gebracht oder nicht.

Dies ist die Art von Weisheit, die wir durch unsere Lebenserfahrungen und unsere Achtsamkeit gewinnen, statt im Halbschlaf durchs Leben zu trotten. Es ist die Art von Weisheit, die wir erlangen, wenn wir dem Leben gestatten, unser Lehrer zu sein. Dann eröffnen sich uns Wahrheiten – so wie die gerade angesprochene, doch recht überraschende und Mut machende Grundnatur der Liebe.

Die Praxis der liebevollen Güte

Bhavana ist ein Wort im Pāli (der Sprache der ursprünglichen buddhistischen Texte), das gewöhnlich als "Meditation" übersetzt wird. Etwas wörtlicher genommen bedeutet es Pflege, Förderung, Schaffung von Bedingungen, die es gestatten, dass sich etwas entwickelt, hervortritt, blüht und gedeiht. Was wir im Rahmen dieser speziellen Praxisübungen fördern und kultivieren, ist *Mettā*, was so viel bedeutet wie liebevolle Güte oder Freundschaft. Die Mettā-Meditation ist Teil der lebendigen Tradition von Meditationspraktiken, die die Öffnung des Geistes und des Herzens herbeiführen und fördern.

Im klassischen Sinne wird Mettā zusammen mit anderen Formen der Meditation gelehrt, die Einstellungen wie etwa Mitgefühl, teilnahmsvolle Freude (die Fähigkeit, sich am Glück anderer zu erfreuen), Gleichmut und Gelassenheit fördern. Diese Eigenschaften sind bekannt als die *Brahmaviharas.* Brahma bedeutet "himmlisch" oder "das Beste". Vihara bedeutet "Wohnstätte" oder "Zuhause". Die Brahmaviharas stellen also die "himmlische Wohnstätte" oder das "schönste Zuhause" unseres Herzens dar. Mettā ist die den Brahmaviharas zugrunde liegende Praxis.

Liebevolle Güte wird als eine Konzentrationsübung angesehen; es bedeutet, dass wir uns ein Konzentrationsobjekt ausgesucht haben und unsere Aufmerksamkeit immer wieder auf dieses Objekt richten, wenn sie umherwandert. In der Mettā-Praxis besteht das ausgewählte Objekt aus einer Reihe von Affirmationen in Form von kurzen Sätzen und Ausdrücken, die zunächst an uns selbst gerichtet sind. Wann immer die Aufmerksamkeit vom ausgewählten Konzentrationsobjekt abdriftet, führen wir sie auf sanfte Weise wieder zu ihm zurück.

Dieser Prozess der Rückbesinnung auf diese Affirmationen, wann immer unsere Aufmerksamkeit umherschweift, ist der Akt der Konzentration. Stellen Sie sich nur für einen Moment vor, wie viel Energie Sie aufbringen, um über die Zukunft nachzudenken, zwanghaft Pläne zu schmieden, über die Vergangenheit nachzugrübeln, sich selbst mit anderen zu vergleichen, zu be- und verurteilen, sich Sorgen zu machen, was vielleicht als Nächstes geschehen mag … Dies ist eine ungeheure Menge an Energie.

Stellen Sie sich nun vor, dass all diese Energie zu Ihnen zurückkehrt, sich bei Ihnen sammelt und Ihnen jederzeit zur Verfügung steht. Das Wiedererlangen dieser enormen Mengen an Energie, die sich gewöhnlich zerstreut und uns verloren geht, ist der Grund, warum Konzentrationsübungen so heilende und stärkende Wirkungen haben. Wir erfahren Ganzheit, die Vereinigung unseres Wesens mit seiner Quelle, während wir diese Energie wieder in uns sammeln. Bemerkenswert dabei ist die Tatsache, dass dies unsere eigene Energie ist; wir müssen uns nicht über die entmutigende Aufgabe Gedanken machen, diese Energie irgendwie ausfindig zu machen oder zu erzeugen. Es ist unsere eigene Energie, doch für gewöhnlich gehen wir mit ihr recht verschwenderisch um.

Wenn wir uns in Mettā üben, entspannen wir uns, sitzen bequem und wiederholen schweigend bestimmte Affirmationen, die auf sanfte Weise aus unseren Herzen zutage treten. Wir richten unsere Aufmerksamkeit auf diese Sätze und Worte und verbinden uns mit ihnen. Einige für diese Praxis gebräuchliche Sätze, die sich zunächst auf uns selbst beziehen, sind etwa: "Möge ich in Sicherheit und Geborgenheit leben, möge mein Geist / mein Körper in Glück und Frieden leben, möge ich in meinem Leben Leichtigkeit und Unbeschwertheit erfahren."

Körperliches Glücklichsein ist gleichbedeutend mit Gesundheit und Freiheit von Schmerz und Leid. Ein Leben mit Leichtigkeit und Unbeschwertheit bezieht die Elemente des täglichen Lebens – Arbeit, Familie – auf harmonische Weise und ohne Kampf oder Streit mit ein. Sie können diese Sätze benutzen oder auch andere, denen Sie mehr Bedeutung beimessen.

Die Affirmationen, die wir wählen, sind Ausdruck der sehr starken Kräfte der Intention in unserem Geist. Jedes Mal wenn wir einen der Mettā-Sätze aussprechen, machen wir uns die Kraft der Intention zunutze, was der wichtigste Aspekt dieser Übung ist. Die tatsächliche Emotion, die wir dabei spüren, kann stark variieren: Manchmal fühlen wir uns beschwingt und dankbar, dann wiederum unbehaglich und unsicher, und manchmal kann uns die Übung auch langweilig und mechanisch vorkommen. Es ist ganz natürlich, dass unsere Emotionen bei der Ausübung dieser Praxis schwanken. Das Wichtigste ist dann, auf sanfte Weise zu den Mettā-Sätzen zurückzukehren.

Die Entwicklung liebevoller Güte uns selbst gegenüber ist der erste Schritt der Mettā-Praxis. Wir wiederholen dabei Affirmationen, die das wiedergeben, was wir uns am meisten wünschen. Menschen fällt es oft schwer, sich selbst wichtig zu nehmen, ohne schlechtes Gewissen Liebe zu empfangen und daran zu glauben, dass sie es verdienen, glücklich zu sein. Wir wiederholen die an uns selbst gerichteten Affirmationen auf sanfte Weise, denn unabhängig von der im jeweiligen Moment vorherrschenden Emotion bereinigen wir dadurch unsere von Konditionierungen geprägte Beziehung zu uns selbst.

Als Nächstes senden wir liebevolle Güte an einen Menschen, der uns wohlwollend gesonnen ist. Das können Menschen sein, die uns in der Vergangenheit geholfen haben, uns gegenüber großzügig eingestellt waren oder für uns eine Inspiration darstellten. Wir sehen sie entweder vor unserem geistigen Auge oder sprechen ihren Namen im Geiste aus, um sie uns präsent zu machen, und sprechen dann die Affirmationen für sie aus, genauso wie wir es vorher für uns getan haben: "Mögest du in Sicherheit und Geborgenheit leben, möge dein Geist / Körper in Glück und Frieden leben" und so weiter.

Dann beziehen wir einen guten Freund oder eine gute Freundin in unsere Mettā-Affirmationen mit ein. Dabei können wir mit Freunden oder Freundinnen beginnen, denen es im Augenblick gutgeht. Vielleicht sind sie nicht vollkommen glücklich – was ganz natürlich ist –, doch in einem bestimmten Bereich des Lebens genießen sie vielleicht gerade Erfolg oder Glück. Nachdem wir ihnen gegenüber liebevolle Güte zum Ausdruck gebracht haben, denken wir an Freunde oder Freundinnen, denen es momentan nicht so gutgeht, die vielleicht unter Schmerzen oder einem kürzlich erlittenen Unglück leiden, und bringen ihnen gegenüber ebenso liebevolle Güte zum Ausdruck.

Als Nächstes wählen wir eine neutrale Person – jemanden, für den wir weder ein starkes Gefühl der Zu- noch Abneigung empfinden. Dabei stellen wir manchmal fest, dass es in unserem Leben nur sehr wenige Personen gibt, denen gegenüber wir neutral eingestellt sind; sobald wir jemanden kennenlernen, neigen wir dazu, innerlich ein Urteil über diese Person zu fällen. Dann wiederum kann es auch sein, dass es zu viele Menschen gibt, denen wir neutral gegenübertreten; außerhalb unseres bevorzugten Freundes- und Familienkreises schenken wir diesen Menschen nicht sehr viel mehr Beachtung als zum Beispiel irgendwelchen Möbelstücken. Wenn wir eine "neutrale" Person wählen und ihr Mettā, liebevolle Güte, entgegenbringen, tun wir dies einfach deshalb, weil wir wissen, dass sie existiert. Auch diese Menschen streben grundsätzlich nach Glück, und darum schließen wir sie in unsere Affirmationen mit ein.

Danach beginnen wir, mit Mettā-Affirmationen zu arbeiten, die Menschen betreffen, mit denen wir im Konflikt liegen oder eine schwierige Beziehung haben. Dabei fangen wir gewöhnlich mit einer Person an, zu der unsere Beziehung nur "mäßig angespannt" ist, und arbeiten uns von dort aus vor, um jemandem mit liebevoller Güte zu begegnen, der uns stärker verletzt oder gekränkt hat. Oft ist es so, dass wir gegenüber dieser "schwierigen" Person Gefühle von Groll, Ärger und Wut hegen; dafür brauchen wir uns jedoch nicht zu be- oder verurteilen. Vielmehr erkennen wir, dass diese an unserem Herzen nagenden Missemotionen uns Schmerz und Leid bereiten; deshalb üben wir – aus größtem Respekt und Mitgefühl uns selbst gegenüber – das Loslassen und Entgegenbringen liebevoller Güte. Wichtig ist auch, sich klarzumachen, dass wir dadurch, dass wir einer "schwierigen" Person liebevolle Güte entgegenbringen, ihre Handlungen nicht stillschweigend dulden oder versuchen vorzugeben, dass es "schon nichts macht", dass diese Person uns oder jemand anderen verletzt oder gekränkt hat. Stattdessen schauen wir tief in unser Herz und entdecken unsere Fähigkeit, anderen mit liebevoller Güte zu begegnen – unabhängig von Umständen und Persönlichkeiten.

SILBERSCHNUR VERLAG

www.silberschnur.de

Silberschnur verbindet

An

Verlag »Die Silberschnur« GmbH

Postfach 41

D-56590 Horhausen

‖‖‖‖‖‖‖‖‖‖‖‖‖‖‖‖‖‖‖‖ SILBERSCHNUR ‖‖‖‖‖‖‖‖‖‖‖‖‖‖‖‖‖‖‖‖

www.silberschnur.de

Ja, ich möchte gerne *weitere Informationen:*

○ per E-Mail *oder* ○ per Post

○ zum Verlagsprogramm ○ zu den Novitäten

○ zu Seminaren ○ zum Newsletter

Name, Vorname

Telefon

E-Mail

Straße, Hausnummer

Land, PLZ, Ort

Ihr Interesse wird belohnt!

Unter allen Einsendern verlosen wir monatlich 10 Exemplare unseres Buchtipps des Monats.

Ich erkläre mich einverstanden, dass der Verlag »Die Silberschnur« meine Daten zu Direktmarketingzwecken verwenden darf.

Natürlich ist dieser Teil der Übung so herausfordernd wie befreiend.

Wir schließen die Übung ab, indem wir uns mit der Grenzenlosigkeit des Lebens verbinden sowie mit allen Wesen und allen Geschöpfen. Allem, was existiert, bringen wir Mettā, Freundlichkeit und Wohlwollen, entgegen. Ob uns jemand bekannt ist oder nicht, nah oder fern, ob männlich oder weiblich, klug oder unwissend, grausam oder gutherzig – sie alle sind Teil des grenzenlosen Lebensgefüges, und wir erkennen, dass wir auf einer fundamentalen Ebene mit allen und allem verbunden sind. Dies ist die praktische Nutzung unserer Fähigkeit, mit allem Lebendigen in Verbindung zu treten und ihm liebevolle Aufmerksamkeit zu schenken. Durch unsere Übungen erkennen wir nach und nach, dass ein weites liebevolles Herz unser natürliches Zuhause ist und dass uns diese Übungen helfen, jederzeit den Weg "heimwärts" zu finden.

Das mitfühlende Herz

In den buddhistischen Lehren kennt man Mitgefühl als "das Beben des Herzens", als Reaktion auf Schmerz und Leiden, das andere empfinden. Es ist nicht einfach, mit Schmerz und Leid – sowohl unserem eigenen als auch dem anderer – richtig umzugehen, doch diese Gefühle können uns eine große Lehre sein und uns öffnen, wenn wir zuvor verschlossen waren. Umgekehrt können diese Gefühle aber auch die Ursache für starken Groll und, als Folge davon, für Trennung und Abgrenzung sein. Wir können uns einsam und verbittert fühlen, weil wir Schmerzen spüren; wir können uns stark isoliert und

alleingelassen fühlen, weil wir Schmerzen spüren; wir
können starke Schuldgefühle entwickeln, wenn wir uns
in Gram oder Trauer selbst Vorwürfe machen für etwas,
das wir getan oder nicht getan, gesagt oder nicht gesagt
haben. Wir können uns tadeln dafür, dass wir scheinbar
nur halbherzig an die Dinge herangehen – in einer Welt,
die so viel Hilfe braucht.

Mitgefühl gestattet es uns, unseren eigenen Schmerz
und den anderer als Mittel der Verbindung einzusetzen.
Dies ist ein feinfühliger und tiefgreifender Weg. Wir
mögen vielleicht eine Abneigung spüren, uns selbst leiden
zu sehen, denn es kann in uns selbst starke Gefühle von
Selbstverurteilung und Reue auslösen. Und vielleicht
verspüren wir auch eine Abneigung, andere leiden zu
sehen, weil wir es vielleicht als unerträglich oder ge-
schmacklos empfinden – oder gar als Bedrohung unseres
eigenen Glücksgefühls. All diese möglichen Reaktionen
auf das Leiden in der Welt können dazu führen, dass wir
uns vom Leben abwenden.

Im Gegensatz dazu offenbart sich Mitgefühl darin,
dass wir anderen Freundlichkeit und Wohlwollen entgegenbringen, statt uns von ihnen zurückzuziehen. Da Mitgefühl eine Geistesverfassung ist, die in sich selbst offen,
großzügig und allumfassend ist, gestattet sie es uns, dem
Schmerz auf direkterem Wege zu begegnen. Bei genauerer

Betrachtung erkennen wir, dass wir mit unserem Schmerz und Leid nicht allein sind und dass niemand sich allein fühlen muss, wenn er oder sie Schmerz und Leid spürt. Wenn wir unser Einssein, unsere Verbundenheit mit allem spüren, ist dies der erste Schritt zur Entwicklung unseres Mitgefühls; dies gestattet es uns, über Gefühle von Abneigung und Abgrenzung hinauszugehen.

Wir können uns allerdings auch selbst etwas vormachen, wenn wir glauben, dass wir Mitgefühl empfinden, obwohl es in Wirklichkeit Angstgefühle sind. Vielleicht befürchten wir, nie genug tun zu können, und so ziehen wir es vor, gar nichts zu tun; vielleicht haben wir Angst davor, dass unsere Entschlossenheit nicht ausreicht, um unsere Bemühungen fruchten zu lassen, und so setzen wir an die Stelle von Mitgefühl nur stillschweigende Duldung. Vielleicht sind wir auch von der Ebene des Mitgefühls auf die der Hoffnungslosigkeit abgesunken, was dann dazu führt, dass uns alles zu viel wird, um damit umgehen zu können.

Vielleicht haben wir Angst davor, aktiv zu werden, den Dingen ins Auge zu sehen, energisch und konsequent zu sein und unserem Gegenüber die Hand zu reichen. Aus Sicht des Buddhismus ist mangelndes Bestreben gleichzusetzen mit einem Mangel an Mut. Doch es ist nicht so leicht, das an uns selbst zu erkennen, und so ziehen wir es vor zu glauben, wir seien zuvorkommend oder mitfühlend, während wir in Wirklichkeit nur von Angst erfüllt sind.

Mit Schuldgefühlen kann es uns ähnlich gehen: Wir können uns glauben machen, dass wir Mitgefühl empfinden, obwohl wir in Wirklichkeit Schuldgefühle hegen. Wenn wir einen anderen Menschen leiden sehen, während wir uns zur selben Zeit relativ glücklich fühlen, kann uns dies zu dem Gedanken verleiten, dass wir unser Glück eigentlich nicht verdient haben. Doch das ist nicht dasselbe wie Mitgefühl.

In der buddhistischen Psychologie gilt Schuld als eine Form des Selbsthasses. Es ist nur eine weitere Form von Groll oder Zorn. Es mag Zeiten geben, zu denen wir verstehen, dass wir uns ungeschickt verhalten haben, und deshalb Gefühle von Betroffenheit, Gewissensbissen und Reue empfinden. Dies kann durchaus wichtig und heilsam für uns sein, doch hier müssen wir zwischen ehrlicher Betroffenheit und irrationalen Schuldgefühlen unterscheiden. Denn bei Letzteren ziehen wir uns in uns selbst zurück und ergehen uns in endlosen Selbstvorwürfen in Bezug auf das, was wir getan oder gesagt haben. Wenn Schuldgefühle unser innerer Antrieb sind, wird uns dies all unserer Energie berauben; wir haben dann nicht mehr die Kraft, unsere Energie ausströmen zu lassen, um anderen zu helfen. Wir selbst stehen im Mittelpunkt unserer eigenen Aufmerksamkeit, wenn wir Schuldgefühle empfinden.

Mitgefühl ist eine Übung in der Öffnung des Geistes und der Stärkung der Intention. Statt die Realität mit einer Fassade aus Idealismus zu übertünchen, sind wir bestrebt, einen unverhüllten Blick auf all die verschiedenen Dinge zu werfen, die wir fühlen, wollen und deswegen auch tun. Der Fehler, den die meisten von uns hin und wieder begehen, ist, dass wir versuchen, unsere wahren Gefühle mit zwanghaften Verhaltensmustern zu überlagern: "Ich darf keine Angst spüren, nur Mitgefühl. Denn das ist ja schließlich meine unumstößliche Entscheidung – nur Mitgefühl zu spüren." Und so kann es passieren, dass wir in beträchtlichem Maße Angst- und Schuldgefühle spüren, jedoch versuchen, sie zu verleugnen, und stattdessen behaupten: "Ich spüre keine Angst, weil ich mich in liebevoller Güte übe – und das ist das einzige Gefühl, was mir gestattet ist." Die Ausgeglichenheit des mitfühlenden Herzens beruht auf Weisheit oder einer klaren Sicht der Dinge. Wir müssen uns nicht auf einen Kampf einlassen, um jemand zu sein, der wir nicht sind, oder uns selbst wegen unserer Angst- und Schuldgefühle hassen.

Einer der Aspekte, der echtes Mitgefühl am stärksten fördert, ist Klarheit – der Geisteszustand, in dem wir wissen, was wir denken und was wir fühlen. Diese Klarheit unterscheidet Mitgefühl von oberflächlichem Märtyrertum, bei dem wir nur an andere denken und uns nie um uns selbst kümmern. Ebenso unterscheidet diese Klarheit Mitgefühl von zwanghafter Ich-Bezogenheit, bei der wir uns nur um uns selbst und nicht um andere kümmern. Der Buddha sagte einmal, wenn wir uns selbst wirklich aufrichtig lieben würden, würden wir nie ein anderes Wesen verletzen oder ihm Leid antun, denn wenn wir dies täten, würden wir uns in gewisser Weise selbst herabsetzen und uns etwas nehmen, statt unser Leben zu bereichern.

Es ist ein interessanter Ansatz, eine Meditationsübung oder einen Entwicklungsweg mit derselben hohen Motivation anzugehen, mit der wir vielleicht andere Dinge im Leben in Angriff nehmen. Vielleicht fühlen wir uns innerlich leer, irgendwie unseres Potenzials beraubt, nicht gut genug, und als Folge davon praktizieren wir spirituelle Übungen in dem Versuch, uns hinsichtlich all dieser Dinge zu bessern. Doch bei der Entwicklung spiritueller Praktiken geht es nicht um Haben und Bekommen, sondern darum, uns selbst und anderen immer mehr Mitgefühl entgegenzubringen. Es geht auch nicht darum, ein neues Selbstbild oder eine neue persönliche "Rolle" anzunehmen, sondern vielmehr darum, auf natürliche

Weise, als Ergebnis dessen, was wir sehen und verstehen, Mitgefühl zu entwickeln. Mitgefühl ist wie ein Spiegel, in den wir jederzeit hineinblicken können. Es ist wie ein Strom, der uns kontinuierlich weiterträgt, wie ein reinigendes Feuer, das uns fortlaufend transformiert.

Wohlwollende Freude und Anteilnahme am Glück anderer

Wenn wir zuweilen vom Erfolg eines anderen Menschen hören, denken wir vielleicht: "Oh, ich wäre glücklicher, wenn du nur ein ganz kleines bisschen weniger (Erfolg, Glück, Ruhm und so weiter) hättest. Du musst natürlich nicht alles verlieren, aber nur ein bisschen weniger Glanz und Gloria wäre schon gut." Wir reagieren so, als ob Glück und Wohlstand knappe Güter wären, nach dem Motto: "Je mehr jemand anders hat, desto weniger bleibt für uns übrig." Wenn wir beobachten, wie jemand anders in den Genuss von Glück und Freude im Übermaß gelangt, kann das in uns Neid und Verdruss hervorrufen, denn "wir kommen zu kurz". Doch der Fehler an dieser Sichtweise ist nur allzu offensichtlich: Glück und Freude einer anderen Person sind nicht der Auslöser für unsere Unzufriedenheit; vielmehr führen wir unser Unglücklichsein selbst herbei, denn unsere Negativität isoliert uns.

Vor einiger Zeit erzählte mir eine Freundin, wie neidisch sie auf eine Frau war, die sie kannte und die anscheinend alles hatte, was man im Leben begehrt. Die "Glückliche" hatte eine gute Beziehung, war Mountainbikerin, hatte als Schwimmerin mehrere Meisterschaften gewonnen und ihre berufliche Tätigkeit brachte es mit sich, dass sie oft ferne Länder bereiste. Meine Freundin war zu jenem Zeitpunkt Single; aufgrund ihres gesundheitlichen Zustands war schon ein längerer Spaziergang für sie eine Herausforderung, und ihre berufliche Tätigkeit hatte nichts Prestigeträchtiges oder Glamouröses. Und wann immer sie an diese andere Frau dachte, spürte sie eine brennende Eifersucht in sich.

Es gibt eine Alternative zu dem schmerzlichen Gefühl des Abgeschnittenseins, zu der Einsamkeit auf unserer kleinen Insel des stillen Grolls: In den buddhistischen Lehren kennt man dies als wohlwollende Freude und Anteilnahme am Glück anderer. Der Begriff "Anteilnahme" wird hier vielleicht in einem etwas ungewöhnlichen Kontext verwendet, denn gewöhnlich benutzt man ihn im Zusammenhang mit Trauer- oder Unglücksfällen. Wenn wir aber lernen, auch am Glück anderer unvoreingenommen Anteil zu nehmen, transformiert dies unser Denken in Bezug darauf, wo wir Glück und Freude finden können. Gewöhnlich erfreuen wir uns an dem, was *wir* haben, und nicht an dem, was *andere* haben. Doch wohlwollende Freude und Anteilnahme am Glück anderer ist eine Übung in Großzügigkeit, und Geben bedeutet nicht nur, jemandem einen Gefallen zu tun; es gibt auch uns selbst ein besseres Gefühl.

Ein Zugang zu dieser Form von Freude und Anteilnahme besteht im Praktizieren von Mitgefühl. Das Leben ist mitunter unstet und launenhaft; Zeiten von Glück und Schmerz, von Leichtigkeit und Schwere wechseln sich schnell ab, so dass wir oft beobachten können, wie das, was wir uns einmal sehnlichst gewünscht haben, nun achtlos zurückgelassen wird, verblasst und dahinschwindet.

Das Leben ist für jeden von uns ein ständiges Auf und Ab. Angesichts des steten Wandels sind wir alle – unabhängig von unseren gegenwärtigen Lebensverhältnissen – verletzlich und angreifbar. Wenn wir daran denken, dass auch Menschen, die mehr als wir haben, Kummer und Leid kennen, werden wir uns ihnen näher fühlen.

Meine Freundin machte also die Probe aufs Exempel und erinnerte sich an die Zeiten von Not und Entbehrung im Leben jener Frau: Ihr Bruder war Alkoholiker, ihr Neffe stand ständig mit einem Bein im Gefängnis und sie machte sich große Sorgen um Geld und ihr Auskommen. Als meine Freundin auf diese Weise das Bild als Ganzes betrachtete, half ihr das nicht nur, die andere Frau in einem neuen Licht zu sehen; es gestattete ihr auch, für das Glück und die Freude, die sie in ihrem eigenen Leben empfand, mehr Dankbarkeit zu empfinden. Mit dieser erweiterten Perspektive konnte sie dann ihr altes Selbstbild – geprägt von Mangel, Entbehrungen und Einbußen – loslassen. Nun erschien ihr diese andere Frau nicht mehr so fremdartig, und meine Freundin konnte eine wachsende, echte Verbindung zu ihr spüren. Die beengenden Gefühle von Neid und Missgunst ließen – sehr zu ihrer Erleichterung – nach, und sie empfand Freude für sich selbst und auch dafür, dass die andere Frau in ihrem Leben so reichlich mit guten Dingen gesegnet war. Statt das Glück eines anderen Menschen als etwas Bedrohliches für das eigene Glück zu betrachten, wurde das Glück dieses anderen Menschen zu ihrem eigenen.

Gleichmut und Gelassenheit – ruhig wie ein Berg

Die vierte Brahmavihara ist Gleichmut – eine Geistesverfassung, die durch Ruhe und Ausgeglichenheit gekennzeichnet ist. In dieser weitläufigen Stille des Geistes sind wir imstande, uns mit allem, was um uns herum geschieht, vollkommen zu verbinden. Wir können direkte Verbindungen zu anderen Menschen aufnehmen – doch ohne unsere gewöhnlichen Reaktionen, das Angenehme zu suchen und das Unangenehme zu meiden. Wenn wir Gleichmut und Gelassenheit entwickeln, schaffen wir praktisch einen Raum zwischen Angst und

Mitgefühl, zwischen Schmerz und Mitempfinden. So entwickeln wir liebevolle Güte und Achtsamkeit, ohne unser Gegenüber ungeduldig anzuflehen oder von ihm zu fordern: "Nun sei endlich glücklich, verfl… noch mal!" Auf diese Weise bringen wir wohlwollende Freude und Anteilnahme zum Ausdruck.

Ohne Gleichmut und Gelassenheit bieten wir anderen Menschen vielleicht nur so lange eine Freundschaft an, wie unser Angebot angenommen und geschätzt wird, oder so lange, wie jemand in ähnlicher Weise reagiert wie wir. Wir schenken uns selbst gewöhnlich nur Mitgefühl, wenn wir nicht von Schmerzen überwältigt werden, und anderen Menschen nur, wenn wir von ihrem Leid nicht überwältigt werden. Wir bringen anderen gegenüber gewöhnlich nur so lange wohlwollende Freude und Anteilnahme zum Ausdruck, wie wir uns nicht bedroht oder von Neid und Missgunst geplagt fühlen. Wenn wir uns jedoch in Gleichmut üben, kann das uns innewohnende enorme Potenzial, uns mit anderen zu verbinden, aufblühen, denn dann haben wir es nicht mehr nötig, etwas, das vielleicht geschieht, von uns zu weisen. Wir müssen aber auch nicht zwanghaft daran festhalten.

Beim Lehren von Meditationspraktiken sagen wir mitunter: "Sitze wie ein Berg. Sitze mit einem Gefühl für Stärke und Würde. Sei standhaft, unerschütterlich, würdevoll, natürlich, entspannt und ungezwungen im Bewusstsein. Egal, von wo der Wind weht, egal, wie viele Wolken am Himmel herumwirbeln, egal, wie viele Löwen auf der Suche nach Beute umherstreifen – sei mit allem innig vertraut, und sitze wie ein Berg." Dies ist eine Vorstellung, eine Metapher für Gleichmut. Wir fühlen ausnahmslos alles und treten durch unser geschärftes Bewusstsein damit in Beziehung – und nicht durch unsere gewohnheitsmäßigen Reaktionen. Üben Sie von Zeit zu Zeit, wie ein Berg zu sitzen, allen Eindrücken, Gefühlen und Empfindungen zu gestatten, zu kommen und zu gehen, während Sie standhaft und unerschütterlich beobachten, wie alles entsteht und vergeht.

WIR KÖNNEN ES TUN

Tue das Heilsame und vermeide das Unheilsame.
Man kann das Unheilsame vermeiden;
wäre es nicht so, würde ich dich nicht darum ersuchen.
Würde das Vermeiden des Unheilsamen zu Leid und
*   Unheil führen,*
würde ich dich nicht darum ersuchen.
Doch da das Vermeiden des Unheilsamen zu Wohl und
*   Glück führt,*
sage ich: "Vermeide das Unheilsame."
Kultiviere das Gute.
Du kannst das Gute kultivieren;
wäre es nicht so, würde ich dich nicht darum ersuchen.
Würde das Kultivieren des Guten zu Leid und Unheil
*   führen,*
würde ich dich nicht darum ersuchen.
Doch da das Kultivieren des Guten zu Wohl und Glück
*   führt,*
sage ich: "Kultiviere das Gute!"

Der Buddha
Anguttara-Nikaya

Diese Textstelle ist eine meiner Lieblingspassagen aus Buddhas Weisheitslehren. In meinen Augen stellt sie ein wundervolles Beispiel für das außergewöhnliche Mitgefühl dar, das der Buddha anderen Menschen und allen Lebewesen gegenüber zum Ausdruck gebracht hat. Der Geist des Buddha kennt keine guten und schlechten Menschen, doch er weiß um das Leid und das Ende des Leidens. Er richtet mahnende Worte an die Menschen, die aufgrund von Gier, Zorn oder Angst den Weg des Leidens eingeschlagen haben, und fordert sie auf, gütig und achtsam zu sein. Er legt ihnen nahe zu erkennen, dass sie zu viel mehr fähig sind, als sie vielleicht glauben, statt sie für ihr Verhalten zu verurteilen. Er sieht auch die Menschen, die auf dem Weg sind, durch Weisheit, liebevolle Güte und Achtsamkeit das Leiden zu beenden, und er erfreut sich an ihnen.

Diese Worte des Buddha inspirieren uns zu aufrichtigen Bemühungen. Diese Vorstellungen, wie man ein besseres Leben führt, sind nicht etwas, das wir nur aus der Ferne bewundern oder in abstrakter Weise auffassen sollten. Wir müssen mit ihnen experimentieren, ihnen Leben einhauchen, sie beobachten, wie sie auf unseren Geist und unser Herz einwirken, und schauen, wohin sie uns führen. Es ist möglich, unseren Lebensweg in die Richtung liebevoller Güte und Achtsamkeit zu lenken; es kann uns nur Glück und Nutzen bringen. Ich kann es tun – genau wie Sie. Wäre es nicht so, hätte der Buddha uns nicht dazu aufgefordert.

TEIL ZWEI

Der Einstieg

Güte und Achtsamkeit uns selbst gegenüber

*Ich war achtzehn Jahre alt, als ich feststellte,
wie verwirrt und unglücklich ich in meinem
Leben war. So reiste ich nach Indien, um
die Praxis der Meditation zu erlernen.
Bis dahin hatte ich ein Leben voller Selbstverurteilung geführt und mir verzweifelt gewünscht,
dass ich jemand anders wäre als die, die ich war.
Nach einiger Zeit des Reisens durch das Land
machte ich mich auf nach Bodhgaya, einer
kleinen Stadt in Ostindien, wo einst auch der
Baum stand, unter dem der Buddha 2500 Jahre
zuvor die Erleuchtung erlangt hatte.*

*Als ich unter dem Baum saß, der ein Abkömm-
ling genau dieses Baums war, hörte ich eine
Stimme tief in meinem Innern: "Ich möchte lieben
können wie der Buddha, ich möchte mich selbst
und andere so lieben, wie der Buddha es tat –
ohne Vorbedingungen oder Grenzen." Ich dachte:
"Wir alle sollten das Gefühl der Liebe kennen –
sowohl für unsere Verletzlichkeiten als auch für
unsere Stärken, sowohl für unsere Probleme und
Sorgen als auch für unsere Triumphe." In jenem
Moment erlebte ich, wie sich meine Vorstellungen*

davon, wie spirituelle Transformation aussieht,
vollkommen verwandelten.

Statt zu glauben, dass Wachstum und Verstehen
durch das Führen eines inneren Kampfes mit
unseren Wesensaspekten herbeigeführt werden,
oder zu glauben, dass wir dadurch Weisheit
erlangen, dass wir unsere Emotionen, Erinnerun-
gen und Sehnsüchte bekämpfen – tatsächlich ein
erfolgloses Unterfangen –, stellen wir fest, dass
Güte und Mitgefühl die besten und heilsamsten
Wege der Entwicklung und Transformation sind.

Die Verlagerung
in Richtung Mitgefühl

Vor einiger Zeit, als ich Vorbereitungen traf für eine Reise von der Ostküste nach Hawaii, wo ich mit meinen alten Freunden Ram Dass und Krishna Das ein Meditationsseminar leiten wollte, zog ich mehrere Optionen in Erwägung. Krishna Das riet mir: "Nimm dir Zeit; versuche nicht, die Reise an einem einzigen Tag zu bewältigen – das wäre äußerst anstrengend. Am besten legst du einen Zwischenstopp an der Westküste ein, übernachtest in einem Hotel am Flughafen und fliegst am nächsten Tag weiter nach Hawaii. Alles andere wäre unvernünftig und zu strapaziös." Mein Reisebüro empfahl mir jedoch zwei Flüge am selben Tag mit zwei Stunden Zwischenstopp und einer Anschlussverbindung von San Francisco nach Hawaii – und schließlich buchte ich diese beiden Flüge.

Am Reisetag stellte ich bei der Ankunft in San Francisco jedoch fest, dass mein Anschlussflug mehr als sechseinhalb Stunden Verspätung haben würde – was bedeutete, dass meine Reise insgesamt über siebzehn Stunden dauern würde. Ich begann, mich in Selbstvorwürfen zu ergehen: "Warum warst du nur so dumm, diese Flüge zu wählen? Wenn du ankommst, wirst du fix und fertig sein. Das war wirklich dämlich. Du bist so ein Dummkopf." Schnell bemerkte ich jedoch, dass ich mich mit diesen Selbstvorwürfen nur im Kreis drehte, und schließlich ließ ich all diese Gedanken los. Stattdessen beschloss ich, Vergnügen am Flughafen zu finden: den Buch- und Zeitschriftenladen, den WLAN-Hotspot, das leckere Essen, den Kaffee.

Als ich mich einige Tage später mit Krishna Das auf Hawaii traf, sagte ich zu ihm: "Das war so dumm von mir; ich hätte tun sollen, was du mir vorgeschlagen hattest." Er antwortete mir: "Nein, tatsächlich war ich der Dumme. Als ich in San Francisco ankam und im Flughafenhotel eincheckte, lag ich stundenlang im Bett und konnte nicht schlafen. Ich brachte es dann gerade mal auf zwei Stunden Schlaf – dann musste ich aufstehen, um meinen Flug nach Hawaii rechtzeitig zu bekommen. Ich hätte es so machen sollen wie du."

In der Rückschau war das Interessante an dieser Episode: Eine vollkommen vernünftige Entscheidung kann von uns mitunter als großer Fehler missdeutet werden, und ein scheinbarer Fehler kann in uns Gefühle von Selbstverurteilung, Selbstverachtung und Beschämung hervorrufen – oder Wohlwollen und Mitgefühl. Jeder Charakterzug, den wir an uns selbst oder anderen bemerken, jede Handlung, jeder Sturm von Gefühlen, jeder ängstliche Rückzug, jeder Fehlschlag und jede Erfahrung mit schwierigen Lebenssituationen kann in uns eine Vielfalt unterschiedlicher Reaktionen hervorrufen. Eine dieser Reaktionen, die wir bewusst kultivieren können, ist Mitgefühl für uns selbst.

Dr. Kristin Neff, außerordentliche Professorin an der Fakultät für Human Development (menschliche Entwicklung) der Universität von Texas in Austin, betreibt Forschungsarbeiten auf dem Gebiet der menschlichen Selbstkonzeptentwicklung mit Schwerpunkt auf der Entwicklung positiver Selbstzuwendung. Dr. Neff erklärt, dass das Mitgefühl sich selbst gegenüber aus drei Hauptbestandteilen besteht: Freundlichkeit und Güte sich selbst gegenüber versus Selbstverurteilung, ein Sinn für

Gemeinschaft und Mitmenschlichkeit versus Vereinzelung und Isolation und Achtsamkeit versus zwanghafte Identifikation mit bestimmten Gedanken und Gefühlen.

Sie schreibt:

"Freundlichkeit und Güte sich selbst gegenüber versus Selbstverurteilung. Freundlichkeit und Güte sich selbst gegenüber bedeutet, dass wir uns selbst Verstehen und uns Warmherzigkeit entgegenbringen, wenn wir Schmerzen, Verluste oder Fehlschläge erleiden oder uns 'nicht gut genug' fühlen, statt diese schmerzlichen Gefühle unbeachtet zu lassen oder uns mit übermäßiger Selbstkritik zu geißeln. Menschen, die sich selbst gegenüber mitfühlend sind (…), neigen dazu, sich selbst sanft und liebenswürdig zu behandeln, wenn sie mit schmerzhaften Erfahrungen konfrontiert sind, statt in Zorn zu geraten, wenn das Leben hinter den selbstgesetzten Idealen zurückbleibt.

Sinn für Gemeinschaft und Mitmenschlichkeit versus Vereinzelung und Isolation. Das Gefühl der Enttäuschung, dass die Dinge nicht genau so sind, wie wir sie haben wollen, ist oft begleitet von einem zwar irrationalen, aber tiefgreifenden Gefühl der Isolation – als ob 'ich' die einzige Person wäre, die Leid erdulden oder sich Fehler eingestehen muss. Doch das müssen ja alle anderen Menschen auch ... Freundlichkeit und Güte sich selbst gegenüber schließt die Erkenntnis ein, dass Schmerz, Leid und das Gefühl, 'nicht gut genug zu sein', Bestandteil von (…) etwas ist, durch das wir alle hindurchgehen und das nicht nur 'mir' allein widerfährt.

Achtsamkeit versus zwanghafte Identifikation mit bestimmten Gedanken und Gefühlen. Freundlichkeit und Güte sich selbst gegenüber setzt auch (…) die Bereitschaft voraus, unsere negativen Gedanken und Gefühle mit Offenheit und Klarheit zu beobachten, so dass sie mit bewusster Achtsamkeit wahrgenommen werden. Achtsamkeit ist ein empfänglicher Geisteszustand, frei von Wert und Urteil, in dem man seine Gedanken und Gefühle so beobachtet, wie sie sich äußern, ohne den Versuch zu unternehmen, sie zu unterdrücken oder zu verleugnen. Es ist unmöglich, unsere Schmerzen zu ignorieren und gleichzeitig Mitgefühl für sie zu entwickeln."

Es ist sinnvoll und nützlich, darüber nachzudenken, welche Geistesverfassung für uns am dienlichsten ist, wenn wir imstande sein wollen, unsere von Schmerz geprägten Verhaltensmuster zu betrachten; wird diese Betrachtung motiviert durch die Liebe zum Lernen, oder ist sie getrieben von der Angst vor Fehlschlägen? Welche Sicht von uns selbst führt zu einer Bereitschaft, sich auf das Risiko eines neuen positiven Verhaltens einzulassen, statt in Schuldgefühlen aufgrund vergangenen Verhaltens steckenzubleiben? Welche Reaktion versetzt uns in die Lage, Gefühle wie Zorn, Einsamkeit oder Verbitterung zu vermeiden, wenn wir unsere Schmerzen oder Probleme erkennen? Wir stellen fest: Die Entwicklung von mehr Mitgefühl für uns selbst durch die Kultivierung bewusster Achtsamkeit und liebevoller Güte ist der Weg, wie wir den Enttäuschungen und Frustrationen, die im Leben nun einmal unvermeidbar sind, effektiver begegnen können. Wir lieben uns selbst "trotzdem" und beschreiten damit den Weg Richtung Wachstum und Wandel.

Testen Sie Ihr Mitgefühl
für sich selbst

Nun haben Sie die Gelegenheit herauszufinden, wie viel Mitgefühl Sie sich selbst entgegenbringen. Ich fand diesen von Dr. Neff entwickelten Test sowohl interessant als auch spaßig. Wenn Sie möchten, können Sie ihn in regelmäßigen Abständen wiederholen und somit ein Gefühl für das Ausmaß an Wohlwollen, Menschlichkeit und Achtsamkeit bekommen, das Sie sich selbst zum jeweiligen Zeitpunkt entgegenbringen. Wenn Sie mit Ihrem Testergebnis unzufrieden sind, sollten Sie versuchen, dies als eine weitere Gelegenheit

zu sehen, Gefühle von Selbstverurteilung und Selbstgeringschätzung loszulassen und sich stattdessen in Selbstmitgefühl zu üben. (Das ist auch der Grund, warum ich
diesen Test mit Freude gemacht habe – Sie können nicht
verlieren.)

TEST: IHR MITGEFÜHL FÜR SICH SELBST

Bitte lesen Sie sich jede der nachfolgenden Aussagen
in Ruhe durch, bevor Sie sich auf einer Skala von 1 bis
5 persönlich einschätzen:

fast nie				fast immer
1	2	3	4	5

_____ 1. Ich reagiere auf meine eigenen Fehler und Unzulänglichkeiten mit Missbilligung und Abwertung
meiner selbst.

_____ 2. Wenn ich mich niedergeschlagen fühle, neige ich
dazu, mich zwanghaft auf alles zu fixieren, was
verkehrt läuft.

_____ 3. Wenn die Dinge schlecht für mich laufen, sehe ich
die Schwierigkeiten als Teil des Lebens, den jeder
andere Mensch auch zu bewältigen hat.

_____ 4. Wenn ich über meine Unzulänglichkeiten nach-
denke, neige ich dazu, mich vom Rest der Welt
noch stärker getrennt und abgeschnitten zu fühlen
als sonst.

_____ 5. Ich versuche, liebevoll mit mir umzugehen, wenn
ich unter emotionalem Schmerz leide.

_____ 6. Wenn ich bei einem für mich wichtigen Vorhaben
einen Fehlschlag erleide, überkommt mich ein
Gefühl der Unzulänglichkeit.

_____ 7. Wenn ich mich völlig geschafft und fertig fühle,
erinnere ich mich daran, dass es noch viele andere
Menschen auf der Welt gibt, die sich genauso
fühlen wie ich.

_____ 8. In sehr schwierigen Zeiten neige ich dazu, hart mit
mir selbst zu sein.

_____ 9. Wenn mich etwas verärgert oder aufregt, versuche
ich, meine Emotionen in Balance zu halten.

_____ 10. Wenn ich mich in irgendeiner Weise unzulänglich
oder "nicht gut genug" fühle, versuche ich, mich
daran zu erinnern, dass die meisten Menschen
diese Gefühle ebenfalls kennen.

_____ 11. Ich reagiere auf die Aspekte meiner Persönlichkeit,
die mir missfallen, mit Intoleranz und Ungeduld.

_____ 12. Wenn ich sehr schwierige Zeiten durchlebe, gebe ich mir selbst die Liebe und Fürsorge, die ich brauche.

_____ 13. Wenn ich mich niedergeschlagen fühle, neige ich dazu zu glauben, dass die meisten Menschen wahrscheinlich glücklicher sind als ich.

_____ 14. Wenn ich eine schmerzhafte Erfahrung mache, versuche ich, die Situation unvoreingenommen und neutral zu betrachten.

_____ 15. Ich versuche, Fehlschläge, die ich erlitten habe, als Teil der menschlichen Erfahrung zu sehen.

_____ 16. Wenn ich an mir selbst Eigenschaften und Muster wahrnehme, die mir missfallen, gehe ich hart mit mir ins Gericht.

_____ 17. Wenn ich bei einem für mich wichtigen Vorhaben einen Fehlschlag erleide, versuche ich, die Dinge nüchtern und in der richtigen Relation zu sehen.

_____ 18. Wenn ich Zeiten großer Anstrengung und Mühen durchlebe, neige ich dazu zu glauben, dass andere Menschen es leichter haben müssen.

_____ 19. Wenn ich Schmerz und Leid erfahre, verhalte ich mich mir selbst gegenüber wohlwollend und liebevoll.

_____ 20. Wenn mich etwas verärgert oder aufregt, werde ich von meinen Gefühlen mitgerissen.

_____ 21. Wenn ich Schmerz und Leid erfahre, kann es passieren, dass ich mir selbst gegenüber kaltherzig bin.

_____ 22. Wenn ich mich niedergeschlagen fühle, versuche ich, meinen Gefühlen mit Neugierde und Offenheit zu begegnen.

_____ 23. Ich betrachte meine eigenen Fehler und Unzulänglichkeiten mit Nachsicht und Toleranz.

_____ 24. Wenn ich eine schmerzhafte Erfahrung mache, neige ich dazu, das Geschehene unverhältnismäßig stark zu dramatisieren.

_____ 25. Wenn ich bei einem mir wichtigen Vorhaben einen Fehlschlag erleide, neige ich dazu, mich in meinem Misserfolg alleingelassen zu fühlen.

_____ 26. Ich versuche, für die Aspekte meiner Persönlichkeit, die mir missfallen, Verständnis und Geduld aufzubringen.

AUSWERTUNGSBLATT

SM: Fragen zum Selbstmitgefühl

#5 + #12 + #19 + #23 + #26 = Zwischensumme

_____+_____+_____+_____+_____ = _____

Zwischensumme geteilt durch 5 für SM-Mittelwert _____

SV: Fragen zur Selbstverurteilung

#1 + #8 + #11 + #16 + #21 = Zwischensumme

_____+_____+_____+_____+_____ = _____

Zwischensumme geteilt durch 5 für SV-Mittelwert _____

MM: Fragen zur Mitmenschlichkeit

#3 + #7 + #10 + #15 = Zwischensumme

_____+_____+_____+_____ = _____

Zwischensumme geteilt durch 5 für MM-Mittelwert _____

I: Fragen zum Gefühl des Isoliertseins

#4 + #13 + #18 + #25 = Zwischensumme

_____+_____+_____+_____ = _____

Zwischensumme geteilt durch 5 für I-Mittelwert _____

A: Fragen zur Achtsamkeit

#9 + #14 + #17 + #22 = Zwischensumme

_____ + _____ + _____ + _____ = _____

Zwischensumme geteilt durch 5 für A-Mittelwert _____

ZI: Fragen zur zwanghaften Identifikation mit bestimmten

Gedanken und Gefühlen

#2 + #6 + #20 + #24 = Zwischensumme

_____ + _____ + _____ + _____ = _____

Zwischensumme geteilt durch 5 für ZI-Mittelwert _____

TESTERGEBNIS: GESAMTWERT SELBSTMITGEFÜHL

1. Ziehen Sie die für die negativ formulierten Aussagen
   (SV, I und ZI) ermittelten Werte von 6 ab:
   6 − SV-Mittelwert = _____ SV
   6 − I-Mittelwert   = _____ I
   6 − ZI-Mittelwert = _____ ZI

2. Addieren Sie alle sechs Mittelwerte:
   SM + SV + MM + I + A + ZI = Gesamtmittelwert
   ___ + ___ + ___ + ___ + ___ + ___ = _____

3. Berechnen Sie den "Selbstmitgefühl-Koeffizienten", indem Sie den Gesamtmittelwert durch 6 teilen = _____

AUSWERTUNG DES ERGEBNISSES

Auf der Skala von 1 bis 5 liegen die Durchschnittswerte um etwa 3,0, so dass Sie Ihr eigenes Testergebnis entsprechend einordnen können. Als grobe Richtwerte gelten:

1 bis 2,5: Das Ausmaß an Mitgefühl, das Sie sich selbst entgegenbringen, ist gering.

2,5 bis 3,5: Ihr Selbstmitgefühl entspricht dem Durchschnitt der Testergebnisse.

3,5 bis 5,0: Das Ausmaß an Mitgefühl, das Sie sich selbst entgegenbringen, ist hoch.

Denken Sie daran, dass höhere Werte für die negativ formulierten Aussagen (SV, I und ZI) natürlich ein Indikator für ein geringeres Selbstmitgefühl sind und in diesen Fällen die Differenz aus der Zahl 6 und dem jeweiligen Wert in diesen drei Aussagebereichen gebildet werden muss, um zu einem korrekten Ergebnis zu gelangen.

Das Selbstmitgefühl
durch Reflexion erhöhen

Obwohl es so scheinen mag, dass persönliches Leiden nur allzu offensichtlich ist, halten wir doch oft nicht inne, um unseren eigenen Schmerz anzuerkennen. Und sollten wir es doch tun, reagieren wir reflexartig, indem wir entweder um uns schlagen oder still vor uns hinrollen. Wir wissen, dass wir uns selbst Mitgefühl entgegenbringen können, wenn die Lebensumstände schmerzhaft und nur schwer erträglich sind. Wir neigen jedoch dazu zu glauben, dass wir versagt haben, und fühlen uns dann mitunter zornig, gedemütigt oder hoffnungslos. Vielleicht verwechseln wir auch Selbstmitgefühl mit Selbstmitleid und wollen deshalb solch ein Gefühl nicht zulassen.

Übungen zur Erhöhung des Selbstmitgefühls haben damit zu tun, dass wir aus unseren gewöhnlichen Erfahrungen mit schmerzhaften Gefühlen "heraustreten" und eine neue, erweiterte Sicht auf unsere eigenen Erfahrungen haben, so dass wir sie aus einer anderen Perspektive und mit mehr Wohlwollen uns selbst gegenüber betrachten können. Selbstmitgefühl ist auch von wesentlicher Bedeutung, wenn das Leid, das wir spüren, die Folge unserer eigenen Handlungen ist oder wenn wir uns enttäuscht oder "nicht gut genug" fühlen. Viele Menschen sagen, sie seien mit sich selbst härter und unnachgiebiger als mit anderen Menschen. Menschen jedoch, die Mitgefühl mit sich selbst praktizieren, sagen von sich, sie seien sich selbst gegenüber genauso liebevoll und wohlwollend wie anderen gegenüber.

Wie entwickeln wir mehr Mitgefühl für uns selbst?

Erinnern Sie sich zunächst an eine schwierige Situation in Ihrem Leben, und beobachten Sie Ihre unterschiedlichen Reaktionen auf sich selbst, während Sie diese Zeit Ihres Lebens noch einmal vor Ihrem geistigen Auge sehen. Wie fühlt sich Zorn in Ihrem Körper an? Welches Gefühl löst Demütigung in Ihnen aus? Entdecken Sie noch andere Gefühlsmuster an sich? Erinnern Sie sich daran, dass Sie liebenswert sind oder dass Sie Ihr Bestes gegeben haben, und achten Sie darauf, wie sich Mitgefühl für Sie anfühlt.

Beobachten Sie, wie unterschiedliche Reaktionen Ihre Aufmerksamkeit beeinflussen. Werden Sie von bestimmten Gedanken gequält, oder öffnet sich Ihr Blickwinkel? Sind die Dinge für Sie schon endgültig festgelegt, oder erinnern Sie sich daran, dass sich alles in stetem Wandel befindet?

Fragen Sie sich selbst, ob Sie von Ihrem eigenen Kummer und Schmerz ergriffen sein können, statt entweder eine abweisende Haltung ihm gegenüber einzunehmen oder sich von ihm überwältigt zu fühlen. Können Sie in sich selbst das Bedürfnis spüren, das Leiden, das Ihnen widerfahren ist, zu lindern und zu heilen?

Wenn Sie sich einen Aspekt Ihrer Persönlichkeit vergegenwärtigen, den Sie nicht mögen, achten Sie darauf, wie Sie mit dem vermeintlichen Makel umgehen. Achten Sie auf die emotionale Färbung der Sprache, die Sie zur Beschreibung des Problems benutzen. Beobachten Sie, was geschieht, wenn Sie Stimme und Körper entspannen und Ihrem "Makel" mit bedingungsloser Akzeptanz und Warmherzigkeit begegnen, statt sich selbst deswegen anzugreifen und zu tadeln. Achten Sie darauf, was geschieht, wenn Sie dies tun, selbst wenn Sie für sich selbst etwas als problematisch und veränderungsbedürftig erkannt haben.

Zum Schluss der Übung sollten Sie sich selbst liebevolle Güte und Achtsamkeit entgegenbringen. Tun Sie das dann mit Menschen, die Ihnen geholfen haben, und beziehen Sie am Ende alle Lebewesen mit ein – die allesamt genauso glücklich sein wollen, doch genauso verletzlich sind und Mitgefühl verdienen, so wie wir selbst.

Eine neue Sichtweise

Naturgemäß haben wir es im Leben auch hin und wieder mit Ärgernissen, unangenehmen Erfahrungen und Irritationen zu tun, und es kann eine große, aber auch kreative Herausforderung sein, diesen Erfahrungen mit Wohlwollen und Achtsamkeit zu begegnen statt mit angestautem Groll.

Dies bedeutet nicht, dass wir passiv oder selbstzufrieden sein sollten oder dass wir untätig herumsitzen und nichts unternehmen sollten, um die Dinge besser zu machen. Mehr Güte und Achtsamkeit zu entwickeln ist vielmehr ein radikaler Ansatz, der uns hilft, mit Umständen, die wir vielleicht nicht ändern können, und mit Dingen, die schwer auf uns lasten, uns ablenken oder den Tag gründlich verderben, geschickter umzugehen. Dieser neue Ansatz – *meeting the moment*, wie man im Englischen sagt – kann uns für andere, kreativere Wege der Kommunikation eröffnen und neue Handlungsweisen für Situationen bieten, die zuvor vielleicht verfahren oder unlösbar erschienen.

Mitunter neigen wir dazu, uns auf Unangenehmes zu fixieren, und wir verlieren dann das Gefühl dafür, dass es vielleicht noch andere Möglichkeiten gibt, mit dieser Situation umzugehen. Doch wir können jederzeit aus dem Käfig unserer gewohnheitsmäßigen Reaktionen heraustreten, uns und unsere Gedanken nicht so ernst nehmen und das, was geschieht, mit mehr Wohlwollen und Entgegenkommen begrüßen.

Wenn ich mit unangenehmen oder unerwünschten Situationen konfrontiert bin und das Bedürfnis nach Raum oder einer Aufhellung meiner Stimmung habe, erinnere ich mich an diese Zeilen von Billy Collins:

EIN WEITERER GRUND, WARUM ICH
KEINE WAFFE IM HAUS HABE

Der Hund des Nachbarn hört nicht auf zu bellen.
Er bellt mit demselben hohen, gleichmäßigen Bellen,
das er jedes Mal anschlägt,
wenn die Nachbarn das Haus verlassen.
Es scheint, als ob sie ihn auf ihrem Weg hinaus "ein-
schalten".

Der Hund des Nachbarn hört nicht auf zu bellen.
Ich schließe alle Fenster im Haus und spiele eine
Beethoven-Symphonie in voller Lautstärke.
Doch immer noch kann ich ihn durch die Musik hin-
durch hören, wie er bellt, bellt, bellt,

und nun kann ich ihn im Orchester sitzen sehen,
mit selbstbewusst hochgerecktem Kopf,
als ob Beethoven eine Einzelstimme
für einen bellenden Hund

der Symphonie hinzugefügt hätte.
Und ist die Symphonie schließlich vorbei,
höre ich ihn immer noch bellen.
Dort drüben bei den Oboen sitzt er,
sein Blick starr auf den Dirigenten gerichtet, der ihm
nun mit seinem Taktstock den Einsatz vorgibt,

_während die anderen Musiker in respektvoller Stille
dem berühmten Bell-Solo des Hundes lauschen –
dem endlosen Schlusssatz, der Beethovens bahnbre-
chendes Genie erst begründete._

Genügsamkeit und Zufriedenheit

D ie Kultivierung einer genügsamen Geisteshaltung ist ebenfalls eine Methode, Güte und
Achtsamkeit gegenüber uns selbst zu pflegen. Vor einiger
Zeit hielt ich einen Meditationskurs in einem Zentrum
in New York City. Es war ein wunderschöner Raum im
zehnten Stock des Gebäudes. Eine Freundin, die an dem
Kurs teilnahm, saß nah am Fenster und konnte von dort
aus in die Fenster des gegenüberstehenden Gebäudes
blicken. Als sie dort saß, so erzählte sie mir, spürte sie
ein starkes Gefühl von Zufriedenheit und Leichtigkeit
des Herzens und dachte bei sich selbst: "Im Moment gibt

es keinen Ort auf der Welt, an dem ich jetzt lieber wäre, und nichts, was ich jetzt lieber täte." Im selben Moment blickte sie in die Fenster des Hauses direkt gegenüber und bemerkte in einem der Räume eine Tanzschule, in der gerade geprobt wurde. Und sofort dachte sie bei sich selbst: "Ich sollte tanzen lernen statt meditieren. Das würde mich glücklicher machen."

Als sie mir diese Geschichte erzählte, musste ich lachen – es war ein klassisches Beispiel für unser gewohnheitsmäßiges Suchen und Streben, für unsere Rastlosigkeit und unsere schnell aufkommende Unzufriedenheit mit den gerade herrschenden Umständen, wenn wir nicht achtsam und aufmerksam sind.

Diese Episode erinnerte mich auch an eine Zeit, als ich im Frühjahr in Washington, DC, war, um mir die Kirschblüte anzusehen. Die berühmten Bäume – ein Geschenk Japans an die USA aus dem Jahre 1912 – sind mit ihren wunderschönen blassrosafarbenen und weißen Blüten der erste Vorbote des herannahenden Frühjahrs. Als ich dort vor einigen Jahren einen Kurs leitete, nahm mich eine Freundin mit zum *Tidal Basin*, einem teilweise künstlich angelegten Tidebecken, dessen Ufer von diesen japanischen Kirschbäumen – über dreitausend an der Zahl – gesäumt ist. Wegen meines vollen Terminkalenders war es jedoch schon Nachtzeit, als wir dort ankamen. Es war herrlich, doch immer wieder dachte ich, irgendetwas würde fehlen.

Im Jahr darauf beschloss ich, mir das Ganze bei Tageslicht anzuschauen, und eine andere Freundin war so nett, mich zu begleiten. Als ich da so in ehrfürchtigem Staunen stand und die zarte Schönheit vor mir bewunderte, sagte meine Freundin auf einmal: "Nun ja, den Höhepunkt hat die Blüte leider schon überschritten." Plötzlich spürte ich, wie diese Bemerkung meiner Freundin mir zu verstehen gab, dass ich wieder mal nicht zum perfekten Zeitpunkt hier war, um mir das Schauspiel in seiner ganzen Pracht anzusehen (sie weiß, dass sie ihre Bemerkung niemals ungeschehen machen kann). Ich fühlte mich deswegen ein bisschen niedergeschlagen – und sofort begann ich, jede auch nur etwas angewelkte Blüte wahrzunehmen. Seltsamerweise hatten sie vorher völlig in Ordnung ausgesehen ...

Im Jahr darauf reiste ich noch einmal nach Washington, hatte aber leider keine Zeit für einen Abstecher zum *Tidal Basin*. Es war wieder Frühjahr, und dieses Mal hatte ich mir fest vorgenommen, mir die Kirschblüte endlich in ihrer ganzen Pracht anzuschauen, doch wieder einmal hatte ich einen zu vollen Terminkalender, was sehr enttäuschend für mich war. An einem Tag saß ich in einem Taxi und war auf dem Weg zu einem Treffen mit Freunden in einem Restaurant, als ich am Straßenrand Kirschbäume in prachtvoller Blüte stehen sah. Mein Herz hüpfte vor Freude über den Anblick dieser Schönheit. Im Restaurant fragte mich einer meiner Freunde, ob ich bereits die blühenden Kirschbäume in der Stadt gesehen hätte. Zunächst antwortete ich mit "nein" – womit ich meinte, ich hätte noch keine Zeit gehabt, zum Ufer des *Tidal Basin* hinunterzugehen, um mir dort die gigantische Pracht tausender Kirschbäume in voller Blüte anzusehen. Doch dann erinnerte ich mich an die Kirschbäume, an denen ich gerade zuvor im Taxi vorbeigefahren war, und wie sehr ich mich über diesen – wenn auch nur kurzen – Anblick gefreut hatte. Schließlich antwortete ich lächelnd: "Ja, ich habe sie gesehen; sie waren prachtvoll und makellos."

Selbstvertrauen und Zuversicht

Im Jahre 1985 reiste ich erstmals nach Burma, um die Meditationspraxis der liebevollen Güte und Achtsamkeit zu erkunden. Die intensive, systematische Praxis liebevoller Güte und Achtsamkeit war etwas Neues für mich, obwohl ich mich schon jahrelang mit anderen Meditationspraktiken befasst hatte. Am Tag meiner Ankunft rief mich mein Lehrer Sayadaw U Pandita in seinen Raum, um mir einige Anweisungen zu geben, wobei er mich sofort fragte: "Glaubst du, dass du mit dieser Meditationspraxis erfolgreich sein wirst?"

Ich spürte, wie mir das Herz in die Hose rutschte. Dann dachte ich: "Dies ist eine Falle. Er will mich nur prüfen, ob ich dünkelhaft, arrogant oder überheblich bin." Und so antwortete ich ihm bescheiden: "Oh, ich weiß nicht – vielleicht ja, vielleicht auch nicht."

Er schaute mich an und schüttelte mit trauriger Miene seinen Kopf. Dann sagte er: "Bei allem, was du tust, solltest du wissen, dass es dir gelingen kann. Dies ist die Grundlage für all deine Übungen, dies ist die Energie des Beginns und der Zuversicht, die wir brauchen, um unsere Übungen erfolgreich zu praktizieren."

Was U Pandita mir zu verstehen geben wollte, hatte nichts mit Arroganz, Dünkel oder falschem Stolz zu tun – von dem ich befürchtete, er würde ihn in mir ausfindig machen und mir vorhalten. Er sprach über etwas ganz anderes, nämlich Herzensmut, Neues zu wagen und bekannte Wege zu verlassen. Die Erkenntnis, dass wir alle über ein unglaublich großes Potenzial verfügen, ist für unsere Entwicklung bei jedem Unterfangen und bei unserem "Aufblühen" als spirituell voll entwickelte menschliche Wesen von entscheidender Bedeutung. Dieses Erwecken von Zuversicht und Selbstvertrauen beruht auf der Lehre der sogenannten "persönlichen Ermächtigung", des Glaubens an uns selbst – frei von Arroganz oder Überheblichkeit. Wir können Dinge in unserem Leben verändern, wir können bewusst statt mechanisch leben, wir können unsere Herzen öffnen und lebendiger sein. Es wird immer wieder gelehrt, dass niemand uns von außen "mit Glück beschlagen" kann, doch daraus folgt auch, dass niemand uns von außen unser Glück nehmen kann.

Die Tyrannei stumpfsinnigen, blinden Strebens, das Joch unserer Selbstgeringschätzung und unser Rückfall in Gewohnheiten und Altbekanntes hat nichts mit Wohlwollen und Achtsamkeit zu tun. Es ist nur allzu leicht, uns künstliche Beschränkungen hinsichtlich dessen aufzuerlegen, was wir zu tun imstande sind. Gewöhnlich besinnen wir uns nur auf unsere innere Stärke, wenn wir uns in außergewöhnlichen Umständen befinden, zum Beispiel wenn ein Elternteil herausgefordert ist, das Leben eines Kindes zu schützen. Ansonsten besinnen wir uns kaum, wenn überhaupt, auf die Intensität und den Reichtum in unserem Innern.

Gedanken wie "Ich werde diese Aufgabe nie erfüllen können; ich werde nie imstande sein, so viel Mühe aufzubringen" können an sich schon strapaziös und ermüdend sein. Wenn wir uns unsere Angst vor dem Versagen nicht eingestehen, führt dies oft dazu, dass wir uns beklagen und herumlamentieren – und beides ist extrem demoralisierend. Um uns selbst Wohlwollen und Achtsamkeit entgegenzubringen, ist es notwendig, dass wir uns hinsichtlich unserer Bestrebungen auf neue Betätigungsfelder begeben.

Dies bedeutet nicht, sich unrealistische Ziele zu setzen oder uns selbst durch unerreichbare Vorstellungen herabzusetzen. Es ist vielmehr eine Aufforderung, die Freude zu erfahren, die damit verbunden ist, dass man nicht länger zögert oder zaudert. Es ist die erhebende Erfahrung, sich in ein viel weiteres Feld von Möglichkeiten zu begeben, sich voll auf etwas einzulassen und das Leben in seiner ganzen Intensität und Bandbreite wahrzunehmen.

Sich an Güte und Achtsamkeit erfreuen

Als der Buddha über die Kultivierung eines großzügigen Geistes, die Schönheit ethischer Anteilnahme oder das mitfühlende Herz sprach, sprach er auch darüber, dass wir uns auch auf unsere guten Taten besinnen und uns an ihnen erfreuen sollten. Wir erinnern uns an Zeiten, in denen wir großzügig gehandelt haben – nicht um unserem Ego zu schmeicheln, sondern vielmehr, um anzuerkennen, dass – in dieser Welt voller Chancen und Wahlmöglichkeiten – wir uns genug um uns selbst und andere gekümmert haben, um uns für das

Geben statt für das Festhalten zu entscheiden. Wir erinnern uns respektvoll an Zeiten, als es nur allzu leicht gewesen wäre, eine Lüge zu erzählen – doch wir hatten uns für die Wahrheit entschieden. Wir erfreuen uns an Zeiten, in denen wir jemandem nur mit geteilter Aufmerksamkeit hätten zuhören können, doch wir beschlossen, dieser Person all unsere Aufmerksamkeit zu widmen und mit ihr voll im Hier und Jetzt zu sein.

Es ist nur allzu leicht für uns, über all die bedauerlichen Dinge nachzugrübeln, die wir vielleicht getan oder gesagt haben – Zeiten, bei denen wir nun vielleicht das Gefühl haben, dass wir damals entweder zu ängstlich, zu aggressiv, zu zurückgezogen oder zu sehr in etwas verwickelt waren. Ich schlage vor, Sie halten einen Moment inne und denken die nächsten Minuten darüber nach, was Sie gut gemacht haben – über Zeiten, als Sie großzügig, wohlwollend oder ausgeglichen waren –, und dann versuchen Sie, in Bezug darauf Wertschätzung für sich selbst zu spüren.

Zunächst könnte sich dies vielleicht etwas unangenehm anfühlen. Grundsätzlich scheint es leichter zu sein, an Zeiten zu denken, als wir im Begriff waren, etwas zu geben, dann aber beschlossen, es nicht zu tun – und seitdem liegt dieses Etwas eingepackt auf dem Dachboden. Auch Zeiten, als wir zu offen und freimütig waren und etwas Falsches gesagt haben, kommen uns leichter in den Sinn, ebenso wie Zeiten, als wir achtlos jemanden übersehen oder ignoriert und dadurch die Gefühle dieser Person verletzt haben. Die Erinnerung an solche Zeiten kann in gewisser Weise schon hilfreich sein, doch gibt sie nicht das gesamte Bild dessen wieder, was wir sind und in vollem Umfang sein können. Wenn wir jeden Tag einige Minuten über das Gute in uns nachdenken und uns an der Güte erfreuen, die wir zum Ausdruck bringen, sind wir imstande, immer häufiger echtes und tiefes Glück zu erfahren.

Wenn wir uns an unserer Fähigkeit erfreuen, Entscheidungen zu treffen, das Gute zu kultivieren und das, was uns Leid und Schmerz zufügt, loszulassen, wird uns das die Zuversicht geben, neue Wege zu beschreiten, bisher Unversuchtes auszuprobieren und auch entsprechende Risiken einzugehen – nicht in leichtsinniger oder draufgängerischer, sondern in mitfühlender Art und Weise.

Natürlich beherrscht keiner von uns diese Dinge perfekt; es ist vielmehr eine fortwährende Reise, eine andauernde Übung. Wir üben uns immer und immer wieder in Großzügigkeit gegenüber anderen und uns selbst, und nach einiger Zeit beginnt sich die Energie zu verstärken, bis sie nahezu die Kraft eines Wasserfalls oder eines Flusses angenommen hat. Wir üben uns immer und immer wieder in Güte und Achtsamkeit gegenüber anderen und uns selbst. So werden wir, wer wir sind, und das ist, was sich am natürlichsten anfühlt.

DAS PRAKTIZIEREN LIEBEVOLLER GÜTE IN ZEITEN VON EMOTIONALEM ODER KÖRPERLICHEM SCHMERZ

Unser ganzes Leben lang rät uns unsere innere Weisheit, loszulassen, friedvoll zu sein und unkluge Kontrollbemühungen aufzugeben. Unsere Kultur, unsere Konditionierungen und unsere persönliche Lebensgeschichte drängen uns jedoch gewöhnlich dazu, festzuhalten – an Menschen, Vergnügungen, Leistungen und Errungenschaften –, um vermeintlich glücklich zu sein. Oft ist unser Leben ein Kampf zwischen unserer inneren Weisheit auf der einen und dem von unserer Kultur propagierten Festhalten an und Kontrollieren von Dingen auf der anderen Seite. Wenn wir durch schmerzhafte Erfahrungen herausgefordert werden, ist es vor allem an der Zeit, auf unsere innere Stimme der Wahrheit zu hören und ihr zu vertrauen.

Hier sind einige Affirmationen, die Ihnen dabei helfen können. Sie sind Teil der Praxis der liebevollen Güte und

Achtsamkeit. Wählen Sie sich ein oder zwei Sätze aus, die für Sie persönlich bedeutungsvoll und aussagekräftig sind. Sie können sie entweder nach Ihren persönlichen Wünschen abändern oder eigene Sätze formulieren, denen Sie für sich persönlich eine besondere Bedeutung beimessen.

Nehmen Sie zunächst eine entspannte Körperhaltung ein, indem Sie sich bequem hinsetzen oder hinlegen. Atmen Sie einige Male tief durch, um Ihren Körper zur Ruhe kommen zu lassen. Richten Sie Ihre Aufmerksamkeit auf Ihren Atem, und beginnen Sie dann, die von Ihnen ausgewählten Affirmationen im Rhythmus mit Ihrem Atem leise zu sich selbst zu sagen. Sie können auch ausprobieren, Ihre Aufmerksamkeit auf den Affirmationen ruhen zu lassen, ohne den Atem als "Anker" zu benutzen. Fühlen Sie die Bedeutung dessen, was Sie aussprechen; versuchen Sie dabei jedoch nicht, irgendetwas zu erzwingen. Lassen Sie sich von der Übung einfach tragen.

"Möge ich meinen Schmerz annehmen, ohne zu glauben, dass er mich krank macht oder ich deshalb ʻnicht richtigʼ bin."

"Möge ich mich immer daran erinnern, dass mein Bewusstsein unermesslich viel größer ist als dieser Körper."

"Mögen alle Menschen, die mir geholfen haben, in Sicherheit, Glück und Frieden leben."

"Mögen alle Lebewesen überall auf der Welt in Sicherheit, Glück und Frieden leben."

"Möge meine Liebe für mich selbst und andere frei und unbegrenzt fließen."

"Möge die Kraft liebevoller Güte mich stützen und stärken."

"Möge ich mich dem Unbekannten öffnen wie ein frei fliegender Vogel."

"Möge ich meine Gefühle von Zorn, Angst und Trauer annehmen in dem Wissen, dass mein weites Herz nicht durch sie begrenzt ist."

"Möge ich frei von Gefahren in Frieden leben."

"Möge ich friedvoll und glücklich leben und mich sowohl körperlich als auch geistig wohlfühlen."

"Möge ich frei sein von Gefühlen wie Zorn, Angst und Besorgnis."

"Möge ich in Frieden leben und sterben."

TEIL DREI

Der Ausdruck

Güte und Achtsamkeit
gegenüber anderen

Spiritualität ist die Befreiung aus unserem Gefängnis der zwanghaften Selbstvorwürfe und Selbstzentriertheit in die Freiheit einer offenen und gesamtheitlichen Beschäftigung mit allen Aspekten des Lebens. In vielerlei Hinsicht geht es bei einem spirituellen Weg um Verbindung – um eine tiefe Verbindung mit dem Potenzial unserer inneren Weisheit und Liebe, ganz gleich, was passiert, um eine Verbindung mit einem größeren Bild des Lebens, ganz gleich, was passiert.

Wir können ohne weiteres von frühmorgens bis spätabends aktiv sein, ohne den Zustand der Trennung zu bemerken, in dem wir uns befinden – ohne wirklichen Kontakt zu unseren Mitmenschen und sogar ohne Verbindung mit den noch grundlegenderen Aspekten der Liebe in unseren Herzen. Spirituelle Praktiken – Meditation, Großzügigkeit, Dienst am Mitmenschen und liebevolle Güte – führen nicht nur zu einer Wende dieses Trends in Richtung echter Verbundenheit; sie sind auch die ersten Manifestationen eines freien Geistes. Wenn wir ein spirituelles Leben führen, unterscheiden wir nicht mehr zwischen Mitteln und Zielen – sie sind ein und dasselbe.

Einige Regeln für
Güte und Achtsamkeit

Vor einiger Zeit leitete ich ein Meditationsseminar in Washington, für das wir an jenem Tag die Aula einer Grundschule gemietet hatten. Überall an den Wänden der Flure waren Plakate mit Regeln zum liebevollen Umgang miteinander angebracht. In den Pausen zwischendurch stand ich immer wieder auf dem Flur und las sie mir durch. Die Regeln erschienen mir einfach und leicht nachvollziehbar, doch wie es so oft mit einfachen Wahrheiten ist: Wenn wir nach ihnen leben würden, statt sie nur zu bewundern, würden sie unser

Leben auch verändern, egal, wie alt wir sind. Diese Regeln beruhten auf bestimmten Prinzipien wie etwa, die starren Grenzen, die wir zwischen uns selbst und anderen gezogen haben, schrittweise aufzuheben; Menschen, Umstände und Situationen in unser Leben einzubeziehen, statt sie auszuschließen; zu erkennen, dass unsere Handlungen (und Worte) Folgen haben – und nicht zuletzt, Achtsamkeit zu üben.

REGELN ZUM LIEBEVOLLEN UMGANG MITEINANDER AN DER CARDEROCK ELEMENTARY SCHOOL:

- Behandle andere so, wie du selbst gern behandelt werden möchtest.
- Spiele fair.
- Zeige jedem gegenüber Respekt – Lehrern genauso wie Mitschülern.
- Jeder kann spielen.
- Hilf anderen, wenn sie Hilfe benötigen.
- Kränke oder verletze andere nicht – weder äußerlich noch innerlich.
- Ehre und achte alle Grundsätze der Ethik.

Ich beschloss, mir jede Woche eine dieser Regeln vorzunehmen und sie zu einer "persönlichen Richtlinie" zu erheben. Auf der Grundlage dieser Richtlinie würde ich dann Entscheidungen treffen, aufkommende Erinnerungen einordnen, mich weiter in die Regel selbst vertiefen und einfach Freude am Leben empfinden.

Eine der provokativsten und ergreifendsten Regeln für mich war: "Jeder kann spielen." Als ich sie das erste Mal las, sah ich vor meinem geistigen Auge ein Kind, das zunächst unbeachtet "außen vor" gelassen worden war, von dort aus auf die anderen "akzeptierten" Kinder blickte und sich nicht nur unerwünscht, sondern sogar unsichtbar fühlte. Doch wenn alle Schüler diese Regel beherzigten, würden sie diesen Mitschüler zu sich heranwinken, ihn in ihrer Runde willkommen heißen und ihm erklären, dass er rückhaltlos akzeptiert ist.

Als ich mich in der Anwendung dieser Regel übte, bemerkte ich mehr Anzeichen für die Einsamkeit der Menschen, die mir begegneten, als ich je zuvor gesehen hatte – mehr von diesem subtilen Widerhall des einsamen und verlassenen Kindes, als ich erwartet hätte. Andere mit einzubeziehen war oft so, als ob man beobachten konnte, wie sich im Innern des Gegenübers etwas entfaltete und zu blühen begann. Als ich es mir zum Prinzip machte und Wert darauf legte, andere sonst Außenstehende in Gespräche mit einzubeziehen und ihnen meine volle Aufmerksamkeit zu schenken, spürte ich, wie sich auch in meinem Innern Grenzen und Barrieren auflösten.

Ich spürte ein wachsendes Urteilsvermögen für das, was richtig war, was für Ausgleich sorgte und bestimmte Menschen nicht von vornherein ausschloss – denn schließlich sollte ja "jeder spielen können" dürfen.

Nehmen Sie sich Zeit, mit diesen Regeln etwas herumzuexperimentieren; nehmen Sie sich für jede Woche oder jeden Monat eine von ihnen vor, und stellen Sie sie für diese Zeit in Ihren Lebensmittelpunkt. Selbst wenn Sie bereits Ihr Leben nach diesen Grundregeln ausgerichtet haben, kann Ihr Entschluss, Ihr bewusstes Augenmerk auf diese Regeln zu richten, eine öffnende, beseelende und mitunter sogar überraschende Erfahrung sein.

Kommunikation

Es gibt fünf Erscheinungen der Rede, mittels derer andere an dich herantreten mögen – auf rechte oder unrechte Weise. Sie mögen an dich herantreten mit dem, was wahr ist, oder mit dem, was unwahr ist. Sie mögen an dich herantreten in liebevoller oder in strenger Weise. Sie mögen an dich herantreten in zuträglicher oder abträglicher Manier. Sie mögen an dich herantreten im Geiste des Wohlwollens oder mit Hass im Innern. In jedem Fall solltest du zu dir sagen: "Unser Geist bleibt davon unberührt; kein böswilliges Wort wird unserem Mund entgleiten. Wir sind weiterhin voller Entgegenkommen und Mitgefühl für das

Wohlergehen dieses Menschen, mit einem wohlwollenden Geist und ohne inneren Hass. Wir werden diese Menschen mit einem Bewusstsein des guten Willens erfüllen ... und nicht nur diese Menschen, sondern die ganze Welt mit dem Geist des Wohlwollens durchdringen – im Überfluss, weit, unermesslich, frei von Feindseligkeit, frei von Groll und Übelwollen." So solltet ihr euch verhalten.

Der Buddha

Vor einiger Zeit erzählte mir ein Freund von den häufigen Streits, die er mit seiner Frau schon seit Beginn ihrer Ehe hatte. Oft drehte es sich bei ihren Auseinandersetzungen um die Art und Weise, wie sie das Abendessen zu sich nahmen. Er aß gern rasch, stand dabei in der Küche und wollte das Essen so schnell wie möglich hinter sich bringen. Sie liebte es, den Esstisch festlich zu decken, sich zu setzen und gemächlich, ohne Hast oder Eile, das Abendessen zu sich zu nehmen – zusammen mit ihm. Doch viele Abende kam es zu heftigen Auseinandersetzungen statt zu einem gemütlichen Dinner. Schließlich wandten sie sich Hilfe suchend an einen Eheberater.

Als sie die Schichten verborgener Bedeutungen hinter dem einfachen und so vertrauten Wort "Abendessen" erkundeten, bemerkten sie beide, mit wie vielen Assoziationen und Menschen aus ihrer Vergangenheit sie jedes Mal an den Esstisch traten. Er sprach über seinen Vater – ein brutaler Mann, der oft nur zum Abendessen daheim war. Dinner zusammen mit dem Vater erschien ihm immer wie ein Alptraum, aus dem er so schnell wie möglich aufwachen wollte. Sie ihrerseits sprach von ihrer zerbrochenen Familie und ihrem geistig behinderten Bruder, der seiner Mutter große Sorgen bereitete. Ihre Familie fand eigentlich nur beim Abendessen Zeit, mit ihr ins Gespräch zu kommen und herauszufinden, wie es ihr tagsüber ergangen war – und nur bei diesen Gelegenheiten hatte sie tatsächlich das Gefühl, einer Familie anzugehören.

Für die beiden war das Abendessen weit mehr als bloße Nahrungsaufnahme, denn der Partner war oft nicht die vor ihnen stehende Person, sondern "jemand anders" – eine Mischung aus Verletzungen in der Vergangenheit, lange gehegten Träumen und neuen, zaghaft geäußerten Sehnsüchten.

Können wir je eine andere Person tatsächlich _sehen_? Wenn wir durch unsere Projektionen, Assoziationen und voreiligen Interpretationen "jemand anderen" im Geist erschaffen, machen wir aus einer anderen Person ein Objekt, ein Ding; wir haben sie dann aller menschlichen Züge beraubt. Wir sind uns nicht mehr bewusst, dass unser Gegenüber ebenfalls empfindlich auf Schmerz und

Leid reagiert, dass dieser Mensch sich in seinem Körper und Geist höchstwahrscheinlich auch zu Hause und wohl fühlen möchte. Wir haben dann kein Gespür mehr für die Schwierigkeiten, Verworrenheiten und Veränderlichkeiten, denen dieser Mensch genauso unterworfen ist wie wir.

Wenn wir jegliches Gespür für die tatsächliche Wandelbarkeit einer Person verloren haben und sie stattdessen in unserem Geist nur statisch als "gut", "schlecht" oder "neutral" kategorisieren, haben wir den Kontakt zur lebendigen Essenz dieser Person verloren. Wir verharren in einer Weltanschauung, die aus stilisierten Prototypen, verfremdeten Zerrbildern, vergegenständlichten Eindrucksbildern und oft auch aus großer Einsamkeit besteht.

Die Praxis der Meditation ist wie eine Übung, in der wir lernen, einen Schritt zurückzutreten und einen größeren Blickwinkel sowie mehr Verständnis für das zu erlangen, was sich vor uns abspielt. Achtsamkeit, eines der wichtigsten Werkzeuge der Meditation, hilft uns, nicht in gewohnheitsmäßige Voreingenommenheit zu verfallen, die die Deutung unserer Gefühle verzerrt. Ohne Achtsamkeit wird unsere Wahrnehmung von Gedanken geformt, die nur selten wirklich bewussten Überlegungen entspringen, wie etwa: "Ich zittere und bebe, und mein

Magen dreht sich um – dahinter müssen Angstgefühle stecken, doch die kann ich mir selbst niemals eingestehen. Ich werde einfach so tun, als ob diese Gefühle nie aufgekommen wären."

Wenn wir uns so verhalten, wird es uns sehr schwerfallen, liebevoll und wohlwollend zu sein. Ohne Achtsamkeit und Bewusstsein gibt es für uns keinen direkten Zugang zu Güte und Wohlwollen.

Achtsamkeit hilft uns auch, unsere Vorurteile in Bezug auf eine andere Person zu durchschauen. Eine Person könnte zum Beispiel denken: "Alle älteren Frauen denken verworren und unlogisch; die ältere Frau vor mir kann also gar nicht so klar denken, wie sie vorgibt." Achtsamkeit hilft uns zu sehen, dass eine Schlussfolgerung wie die obige nichts anderes als ein Gedanke in unserem eigenen Geist ist. Achtsamkeit befähigt uns, eine andere, neue Qualität der Aufmerksamkeit zu kultivieren – eine Aufmerksamkeit, mit der wir uns auf das beziehen, was wir hier und jetzt vor uns sehen, und die weder ein Widerhall der Vergangenheit noch eine vermeintliche Vorahnung der Zukunft ist. Auch hier finden wir die Kraft liebevoller Güte, denn wir können mit den Dingen so in Verbindung treten, wie sie sind.

Wenn wir uns bemühen, wirklich hinzuschauen, bedeutet dies nicht, dass wir nie eine Reaktion zeigen oder nicht auf jemanden eingehen. Wir können zum Beispiel versuchen, eine Ehe zu kitten, die im Begriff ist zu scheitern, oder wir können unseren Unmut über laute Mobiltelefone an öffentlichen Orten zum Ausdruck bringen, oder wir versuchen alles in unseren Möglichkeiten Stehende zu tun, um eine Ungerechtigkeit zu beheben. Doch wir tun dies mit einem Ansatz, der es Menschen gestattet, so zu sein, wie sie sind, und der auch unseren eigenen wechselnden Gefühlen Rechnung trägt und offen für Überraschungen ist. Wir schauen wirklich hin, hören wirklich zu – und machen die Welt dadurch zu einem lebendigeren Ort.

Ein wichtiger Schritt auf dem Weg, unseren Mitmenschen authentischer und echter zu begegnen, ist, genau hinschauen zu lernen. Wenn uns jemand anschreit oder verärgert – oder uns mit einem Geschenk überwältigende Freude bereitet –, schenken wir diesen Menschen viel Aufmerksamkeit. Unsere Herausforderung besteht dann darin, sie so zu sehen, wie sie sind, und uns nicht in Projektionen oder Mutmaßungen über sie zu ergehen. Doch wenn diese Menschen bei uns keinen bleibenden Eindruck hinterlassen, ist die Herausforderung für uns eine andere: Es ist dann nämlich nur allzu leicht, praktisch durch sie "hindurchzusehen".

Vor allem die Meditationspraxis der liebevollen Güte (Mettā) einer neutralen Person gegenüber konfrontiert uns mit unserer Neigung, durch Menschen, die wir nicht kennen, einfach hindurchzusehen. Wir wählen dazu eine Person, der wir uns weder stark zu- noch abgeneigt fühlen, sondern der wir eher neutral oder gleichmütig gegenüber eingestellt sind. Oft ist es hilfreich, für diese Praxis einen Menschen auszuwählen, über den wir nicht viel wissen, oder jemanden, der in unserem Leben eine bestimmte Funktion oder Rolle spielt – zum Beispiel die Kassiererin im Supermarkt oder der Paketkurier. Vielleicht kennen wir nicht mal ihren Namen.

Wenn wir einer neutralen Person liebevolle Güte und Achtsamkeit entgegenbringen, ändern wir bewusst unser Verhaltensmuster; statt diese Person nicht zu beachten oder über sie hinwegzusehen, schenken wir ihr unsere volle Aufmerksamkeit. Unser Experiment mit der bewussten Lenkung unserer Aufmerksamkeit und dem Wohlwollen, das wir einem anderen Menschen entgegengebracht haben, wirft die Frage auf, ob wir imstande sind, "unseren Nächsten wie uns selbst" zu lieben, auch wenn wir nichts über das Umfeld dieses Menschen wissen – zum Beispiel über den hochbetagten, hilfebedürftigen Vater, die schwer krebskranke Mutter oder den Sohn im Teenageralter mit seinem Drogenproblem.

Wenn wir an unsere neutrale Person denken, wissen wir nichts über ihre persönliche Geschichte – über den verdächtigen Leberfleck am Oberarm, um den sie sich Sorgen macht, oder die langen Abende, die sie einsam und allein verbringt. Wir wissen nichts über ihre begeisternden Triumphe oder ihre bewundernswerte Menschenliebe, und deshalb haben wir keine Ehrfurcht vor dieser Person. Wir sehen nicht die Anspannung in ihrem Gesicht nach einem enttäuschenden Bewerbungsgespräch oder ihre Trauer nach dem Verlust eines geliebten Menschen.

Wir üben uns einfach darin, dieser Person trotzdem alles Gute zu wünschen – weil wir wissen, dass diese Person existiert, und weil wir uns der Schönheit, des Kummers, des Schmerzes und der unabänderlichen Unsicherheit der Existenz sehr wohl bewusst sind, der wir alle ausgesetzt sind.

Wo auch immer wir uns aufhalten – in einem Zug oder Bus, auf der Straße, zu Hause oder an öffentlichen Plätzen –, üben wir uns darin, achtsam und aufmerksam zu sein. Wir üben uns in Rücksicht, Besonnenheit und Zuvorkommenheit und lassen all unsere Projektionen los, denn wenn wir mit vollkommener Aufmerksamkeit und Achtsamkeit durchs Leben gehen, warten viele besondere Geschenke auf uns. Diese Geschenke können die Zwänge gesellschaftlicher Rollen durchschlagen, ebenso wie die scheinbare Sinnlosigkeit zufälliger Begegnungen und sogar schrecklichen Schmerz.

Wenn wir jemandem auf diese Weise Aufmerksamkeit schenken, machen wir auch uns selbst ein Geschenk: das Geschenk der Wahrnehmung und Verbundenheit mit einem anderen Menschen. Dann sehen wir uns selbst auch zu einem gewissen Grade in unserem Gegenüber und merken, dass wir doch nicht so schrecklich allein sind. Wir können dann viele belastende Dinge loslassen, die wir gewohnheitsmäßig mit uns herumtragen, und das Geschenk des gegenwärtigen Moments annehmen.

Und noch etwas lernen wir durch unsere Übungen in Aufmerksamkeit: Selbst wenn wir eine Person nicht genauer kennen oder mögen, stehen wir doch immer noch in einer gewissen Beziehung zu ihr. Wir haben erkannt, dass wir alle miteinander verbunden sind. Wir entdecken für uns das Geschenk des Mitgefühls, des zwischenmenschlichen Engagements, und wir spüren mehr und mehr die Energie des Miteinanders im Leben, die uns enorm bereichert.

Schon Kleinstkinder wollen helfen

Vor einiger Zeit stieß ich in der *New York Times*
auf den unten wiedergegebenen Artikel, der
mich in Erstaunen versetzte, denn er zeigt auf, dass der
natürliche Impuls, jemandem selbstlos zu helfen, offensichtlich schon im Kleinstkindalter angelegt ist.

STUDIE ZEIGT: SCHON BABYS WOLLEN HELFEN
*Von Lauran Neergaard, medizinischer Fach-
autor für Associated Press, Donnerstag,
2. März 2006 (AP)*

Hoppla, da ließ der Wissenschaftler doch gerade eine Wäscheklammer fallen … Doch keine Sorge – flugs krabbelte ein Baby herbei und reichte ihm in hilfsbereiter Manier das verlorene Stück. Das einfache Experiment zeigt, dass die Fähigkeit, selbstlos und uneigennützig zu handeln, schon im frühen Alter von achtzehn Monaten zum Vorschein kommt. Der schon bei Kleinstkindern ausgeprägte Wunsch zu helfen lässt auf eine fortgeschrittene Entwicklung des Gehirns schon in diesem Lebensalter schließen. Dies ist vor allem für Anthropologen von Interesse, die die evolutionären Wurzeln von Charakterzügen wie Uneigennützigkeit und Kooperationsbereitschaft erforschen.

Das Forscherteam um Felix Warneken vom Max-Planck-Institut für evolutionäre Anthropologie konnte in einer Reihe von Versuchen mit Kleinstkindern nachweisen, dass sich die Anlagen zu altruistischem Verhalten schon früh in uns herausbilden. Dazu vollführten sie eine Reihe einfacher Aufgaben vor den Augen dieser Kinder, wie etwa Handtücher mithilfe von Wäscheklammern an einer Leine zu befestigen oder Bücher aufeinanderzustapeln.

Mitunter taten die Forscher so, als hätten sie Schwierigkeiten mit diesen Aufgaben, dann wieder "verpatzten" sie mit Absicht eine bestimmte Aufgabe.

Egal, ob Warneken Wäscheklammern fallen ließ oder seinen Bücherstapel "aus Versehen" umwarf – immer wieder war jedes der vierundzwanzig an den Versuchen beteiligten Kleinstkinder sofort bereit, ihm zu Hilfe zu eilen. Doch taten sie dies nur, wenn es den Anschein hatte, er brauche diese Hilfe und komme ohne sie nicht klar. Eine der Videodokumentationen dieser Versuche zeigt, wie ein Kleinstkind – nachdem Warneken "aus Versehen" eine Wäscheklammer fallen ließ und "Probleme" hatte – zwischen seinem Gesicht und der Klammer hin- und herblickte, bevor es schnell herüberkrabbelte, den Gegenstand ergriff, an Warnekes Hosenbein zog und ihm in hilfsbereiter Absicht die Klammer zurückreichte.

Warneken hatte dabei nie um Hilfe gebeten und sagte noch nicht mal "Dankeschön", denn er wollte vermeiden, die Versuchsergebnisse durch Dank, Lob oder Zuspruch zu verfälschen. Uneigennützigkeit bedeutet schließlich, jemandem zu helfen, ohne dafür irgendeine Gegenleistung zu erwarten.

Der Schlüssel zum Verhalten der Kleinstkinder war ganz offensichtlich der Faktor Hilflosigkeit. Wenn Warneken den Buchstapel absichtlich umstieß oder ganz bewusst eine Wäscheklammer zu Boden warf, rührten sie keinen Finger und blieben, wo sie waren, so der Wissenschaftler in seinem Forschungsbericht, der in der Fachzeitschrift *Science* erschienen war.

Um altruistisches Verhalten zu entwickeln, müssen Kleinstkinder über die kognitive Fähigkeit verfügen, die Bestrebungen anderer Menschen zu verstehen, und etwas besitzen, das Warneken als "prosoziale Motivation" bezeichnet – den Wunsch, Teil ihrer Gemeinschaft zu sein. "Wenn diese beiden Faktoren zusammenkommen – was offensichtlich im Alter von achtzehn Monaten und vielleicht sogar schon früher der Fall ist –, sind sie imstande zu helfen", erklärte Warneken.

Als ich dies las, verstand ich, wie leicht Altruismus und Empathie, soziales Einfühlungsvermögen, aufgrund schmerzlicher Lebenserfahrungen in der Entwicklung beeinträchtigt oder sogar ganz unterbunden werden können. Dieses rudimentäre, verletzliche, schon im Kleinstkindalter hervortretende Gefühl der Verbindung mit anderen Wesen kann durch die vielen Hindernisse und Tragödien, die das Leben mit sich bringt, eine Person vielleicht davon abhalten, ihre altruistische Einstellung beizubehalten und weiterzuentwickeln. Vielleicht arbeiten wir leidenschaftlich daran, für jemanden bessere Lebensumstände zu schaffen – und diese Person enttäuscht uns, weil sie sich weigert, ihr selbstzerstörerisches Verhalten abzulegen. Oder man hat uns bei irgendetwas gründlich missverstanden, und von da an scheint es uns unmöglich, das Bild, das jemand von uns hat, wieder ins richtige Licht zu rücken – so sehr wir uns auch darum bemühen. Oder wir haben alles getan, was wir konnten, um eine Situation zu verbessern, doch dann hat es den Anschein, als ob die Winde des Schicksals plötzlich aus einer ganz anderen Richtung blasen und den Dingen eine Wendung geben, die niemand vorhersehen konnte.

Und dann gibt es da auch noch den Triumph, der aufkommt, wenn wir wieder unsere Fähigkeit spüren, die Ziele und Bestrebungen anderer Menschen nachzuvollziehen und zu verstehen – unabhängig von unseren persönlichen, gesellschaftlichen und kulturellen Konditionierungen. Wir spüren dann den Geist der Erneuerung, wenn wir unseren Wunsch wiedererwecken, Teil einer größeren Gemeinschaft zu sein, mit etwas Größerem in Bezug zu stehen als mit unserem im Allgemeinen begrenzten Selbstbild. Dies ist die pure Kraft des Lebens – Engagement, Anteilnahme, Verbundenheit – und des Hochgefühls, das sich einstellt, wenn wir uns freimachen von dem beengenden Gefühl, "im Abseits zu stehen".

Durch unsere täglichen Meditationsübungen und das bewusste Praktizieren von Großzügigkeit können wir unsere Fähigkeit zu selbstlosem, uneigennützigem Verhalten weiterentwickeln und für den Rest unseres Lebens verfeinern und kultivieren.

Seien Sie Sie selbst –
und ein Vorbild für andere

In einem klassischen buddhistischen Text mit dem Titel *Milindapañha* ("Die Fragen des Milinda"), der etwa aus dem 1. oder 2. Jahrhundert v. Chr. stammt und weitgehend in Dialogform gehalten ist, stellt der indo-griechische König Milinda (Menandros) dem buddhistischen Mönch und Weisen Nāgasena eine Reihe philosophischer Fragen. An einem Punkt fragt König Milinda: "Und wie gewinnen wir Vertrauen in uns selbst?" Nāgasena antwortet darauf mit einer kurzen Erzählung über die Bewohner eines Dorfes, das von einem reißenden

Fluss überflutet wird. Häuser und Ländereien der Dorf-
bewohner stehen schon unter Wasser, doch die Flutgefahr
wird immer größer.

Dann erscheint ein Mann, der über Mut, Stärke und
klare Absicht verfügt; er ist der Einzige, der einen Weg
hinüber ans andere Flussufer sieht, wo die Menschen in
Sicherheit wären. Er drängt sich nach vorn und schafft
es tatsächlich, den Fluss zu überqueren. Allein dass einer
von ihnen es hinüber ans sichere Ufer geschafft hat, gibt
allen anderen Dorfbewohnern die Zuversicht, dass auch
sie es schaffen können.

In diesem Beispiel symbolisiert der Fluss unsere Ver-
strickung in gewohnheitsmäßige Unzufriedenheit, unsere
Neigung, gedankenverloren in unserem verwirrten, kon-
ditionierten Geist versunken zu sein. Die Überquerung
des Flusses hin zur anderen Uferseite steht symbolisch
für unseren Übergang zu einem Ort des Erwachens, der
Freiheit. Wenn wir sehen, dass jemand diesen Übergang
erfolgreich gemeistert hat, bevor wir es getan haben,
kann dies in uns ein Gefühl der Inspiration und Ermutigung
auslösen, nach dem Motto: "Wenn *er* das geschafft hat,
dann schaffe *ich* das auch."

Auf unserer Suche nach Inspirationen orientieren wir
uns unweigerlich an Beispielen und Vorbildern für
Menschlichkeit, die für uns Ganzheit zum Ausdruck

bringen, uns neue Ansätze vermitteln und die Botschaft des Friedens in sich tragen. Es scheint, als ob Menschen, die zu tieferen Wahrheiten vorgedrungen sind, uns auf ein uns innewohnendes Potenzial aufmerksam machen, das sonst brachgelegen hätte – einfach weil wir nicht daran geglaubt haben. Offensichtlich brennt in solchen Menschen ein Feuer, das auch ein Feuer in uns entzünden kann. Diese Menschen haben den starken Wunsch, wahrhaftig zu sein, aufzuwachen und ihr Leben nicht mit Trivialitäten zu verschwenden. Dieser starke Wunsch, von dem sie beseelt sind, scheint auch in uns starke Impulse und Bestrebungen zu entfachen. Sie strahlen inneren Frieden und Zuversicht aus und wecken diese Eigenschaften auch in uns.

Diese Menschen sind Risiken eingegangen, haben mit Hingabe und Engagement Verpflichtungen auf sich genommen, und nach und nach schließen wir uns ihnen an, weil ihre Courage für uns eine Inspiration darstellt. Sie zeigen uns immer wieder, was alles möglich ist, und sie führen uns zu uns selbst, zu unseren eigenen Sehnsüchten und Bestrebungen zurück, um das Beste in uns hervorzubringen und unser volles Potenzial im Leben auszuschöpfen.

In gewisser Weise hat dies etwas Zeitloses an sich. Für mich fühlt es sich manchmal so an, als ob ich mich in einen Fluss begebe. Ich denke dann an all die Frauen und Männer, die so viele Jahre, ja sogar Jahrhunderte lang als Pioniere einen spirituellen Weg beschritten, alte Angewohnheiten abgelegt und sich der Ungewissheit des Lebens gestellt haben. Sie haben herkömmliche Denk- und Sichtweisen hinterfragt, Risiken auf sich genommen und dadurch ein größeres, wahrhaftigeres Bild des Lebens erblicken können.

Jeder von uns ist das nächste Glied in dieser Kette, in dieser Fortführung einer uralten spirituellen Tradition. Wenn wir bereit sind, hinsichtlich Ethik und Moral unter Umständen schwere Entscheidungen zu treffen, die Wahrheit nicht zu verschleiern – was oft nur allzu einfach ist – und beschließen, unseren Lebensprinzipien treu zu bleiben, uns für alle Menschen einzusetzen, immer wieder in unseren Geist und unser Herz zu blicken und die Fesseln der Konditionierung abzustreifen, dann "überqueren wir den Fluss". Durch unser tägliches Handeln, durch unsere Wahrhaftigkeit und Authentizität, sind wir für andere eine Art "Kanal der Möglichkeiten". Indem unser Leben ein Vorbild für andere ist, weil wir ihnen Liebe, Güte, Mitgefühl und Achtsamkeit entgegenbringen, haben wir einen Beitrag geleistet, den Weg zur Freiheit für sie zu ebnen und hell zu erleuchten.

Motivation

Wir können nie genau wissen, wie sich unsere Handlungen auf andere und unser Umfeld auswirken. Die Macht der Gewohnheit könnte dazu führen, dass wir uns selbst herabsetzen, unsere Handlungen als unzulänglich betrachten und resignieren, weil wir glauben, dass das, was wir tun, nur Mittelmaß ist. Doch wir können nicht im Voraus das letztendliche Ergebnis all unserer Handlungen absehen. Der Dichter T. S. Eliot schrieb: "Für uns gilt allein das Versuchen. Der Rest ist nicht unser Geschäft." Diese erweiterte Sicht des Lebens ist es, die unseren Handlungen Kraft gibt – unabhängig von unmittelbarem Erfolg oder Misserfolg.

Wenn wir den Wert unserer Handlungen einschätzen, tun wir dies gewöhnlich im Hinblick darauf, ob sie ein bestimmtes Resultat hervorbringen oder nicht – etwa ob sie die guten Früchte tragen, die wir uns vorgestellt haben, in dem Zeitrahmen, den wir vorhergesehen haben. Wenn das nicht der Fall ist, verlieren wir unter Umständen das Vertrauen in das, was wir tun, und reagieren vielleicht entmutigt und niedergeschlagen. Vielleicht beschließen wir sogar, bestimmte Handlungen ganz zu unterlassen, wenn wir das von uns erwünschte Ergebnis nicht garantieren können. Solche Anhaftungen an das Erzielen bestimmter Ergebnisse können zu unablässigen Erwartungen, Burn-out-Syndromen und dem schon typischen Gefühl führen, dass wir nie genug tun können.

Wir können nur allzu leicht fixiert sein auf Erfolg und Ergebnisse, auf die perfekte Leistung, auf die Anerkennung von anderen als einzigem Maßstab dafür, etwas Gutes geleistet zu haben. Gewöhnlich fühlen wir uns gut, wenn unsere Bemühungen auf Lob, Anerkennung und Zuspruch stoßen oder wenn die Resultate unserer Anstrengungen nach herkömmlichen Maßstäben messbar und sofort erkennbar sind.

Doch wenn es darum geht, ein Risiko zu wagen, sich in einem völlig neuen Handlungsumfeld einzusetzen, etwas von ganzem Herzen statt nur zaghaft oder zweifelnd zu tun, mit Mut Rückschläge wegzustecken, statt sich der Verzweiflung hinzugeben, wieder aufzustehen und weiterzumachen, wenn wir gefallen oder gestrauchelt sind, dann zählen wir solche Aktionen oft nicht zu unseren "Erfolgen".

In den buddhistischen Lehren ist das unmittelbare Ergebnis einer Handlung und die Reaktion anderer darauf nur ein kleiner Teil ihres tatsächlichen Werts. Hier kommt nämlich noch ein anderer bedeutsamer Aspekt ins Spiel: die Intention, die den Anlass zur Handlung gibt. Die Intention ist unsere grundlegende Motivation, unser innerer Antrieb, der die Handlung erst hervorbringt und von unserer Weltanschauung geprägt ist – zum Beispiel wo unserer Meinung nach Glück und Freude herrühren, zu was wir unserer Ansicht nach fähig sind und wo wir für uns einen Lebenssinn finden. Die vorübergehenden Antriebe, die unsere Handlungen prägen, sind Intentionen, ebenso wie die Überzeugungen, die wir vertreten, und die Ziele, die wir anstreben.

Bei Intentionen geht es nicht nur um Willenskraft oder gute Vorsätze fürs neue Jahr, sondern um unsere tagtägliche Sicht der Dinge; was ist uns wirklich wichtig, was ist unserer Ansicht nach für uns möglich? Intentionen sind ein Ausdruck des Geistes unserer Handlungen, sie sind die emotionale Färbung unserer Anstrengungen. Mit jeder Handlung, die wir unternehmen, werden sie lebendig.

Eine Handlung kann motiviert sein durch Liebe – oder durch Hass und Rache. Der ursprüngliche Impuls unserer Handlung kann Eigeninteresse sein – oder Großzügigkeit. Wenn wir die Intention oder Motivation hinter einer Handlung kennen, enthüllt uns dies, was wirklich vor sich geht. Eine scheinbar großzügige Handlung, der als Motivation aber eine Tendenz zum Selbsthass zugrunde liegt, oder ein Gefühl wie etwa "ich verdiene nicht, irgendetwas zu besitzen, deshalb sollte ich es am besten weggeben" ist wohl mehr eine Art Märtyrertum. Eine scheinbar ethische Handlung, der als Motivation Angst zugrunde liegt, beruht im Kern auf starrer Verdrängung. Einem Menschen mit einem Geschenk seine Liebe zu bekunden, obwohl wir uns selbst in unserem Innersten nicht lieben können, hat leicht eine gewisse Co-Abhängigkeit, eine anstrengende Suche nach Intimität und eine Auflösung natürlicher Grenzen zur Folge – egal, wie es uns bei oberflächlicher Betrachtung erscheinen mag.

Wenn wir die Integrität unserer Handlungen nur auf der Grundlage der vor uns sichtbaren Ergebnisse betrachten und nicht auf unser Herz und dessen Winke und Weisungen hören, müssen wir uns fragen: "Auf welcher Grundlage und nach welchem Maßstab schätzen wir Erfolg und Misserfolg ein?" Zunächst kann es den Anschein haben, als ob ein gewöhnlicher Gefallen, den wir jemandem tun, oder Mitgefühl, das wir jemandem entgegenbringen, kein Ergebnis zeigt oder nirgendwo hinführt, doch vielleicht pflanzen wir mit dieser Handlung einen Samen, der später "aufgeht" und Ergebnisse herbeiführt, die wir hier und jetzt noch nicht vorhersagen können. Manchmal müssen wir einfach unser Bestes geben und dann darauf vertrauen, dass sich etwas entwickelt und ergibt, das wir nicht vorherbestimmen oder nach unseren Wünschen gestalten können.

Wenn wir es uns zur Angewohnheit machen, auf unsere Intentionen zu achten, verfügen wir über einen perfekten "Kompass", mit dem wir durch unser Leben "navigieren" können. Wir können dem Aufmerksamkeit schenken, was wir uns wirklich erhoffen, wir können achtsam sein bei dem, was wir tun, und hinterfragen, warum wir es tun. Wie Seine Heiligkeit, der Dalai-Lama, einmal sagte: "Motivation ist sehr wichtig, und deshalb geht es in meiner einfachen Religion um Liebe, Respekt vor anderen und Ehrlichkeit. Bei diesen Lehren geht es nicht nur um religiöse Inhalte, sondern auch um weltliche Dinge: Politik, Wissenschaft, Handel, Gewerbe, Wissenschaft, Recht, Medizin – überall auf der Welt. Mit der richtigen Motivation können diese Tätigkeitsfelder der Menschheit helfen."

Aus Liebe heraus handeln

Wenn wir sehen, wie ein anderer Mensch leidet, und versuchen, ihm zu helfen, kann es viele unterschiedliche Motivationen geben, die uns dazu veranlassen: Hoffnung, Anhaftung, Großzügigkeit, Furcht. Als menschliche Wesen nutzen wir oft Empörung als Impuls, um Hilflosigkeit und Verzweiflung zu entrinnen. Die pure Energie der Wut kann in dieser Hinsicht ebenfalls eine sehr wichtige Rolle spielen. Es ist dann so, als ob unsere Lebensenergie sich Geltung verschafft; wir ziehen Grenzen, erklären bestimmte Verhaltensweisen für nicht akzeptabel und lehnen es eindeutig ab (vielleicht erst nach längerer Zeit), uns misshandeln zu lassen oder zu tolerieren, dass andere misshandelt werden.

Doch wenn wir uns im Zorn verlieren und sagen, "dies bin ich wirklich, dies definiert mich", sind wir anfällig für den sogenannten "Tunnelblick"; wir handeln dann nicht mehr aus Liebe, sondern aus immer wieder hervortretenden Rachegefühlen. Wir schlagen dann gewissermaßen reflexartig um uns, statt bewusst und achtsam zu handeln, oder wir sind ungeduldig und unzufrieden und geben schließlich auf.

Wir müssen für uns herausfinden, was uns sonst noch motivieren kann – eine Einstellung oder ein Gefühl, das mindestens so kraftvoll ist wie der Zorn, doch ohne seine zerstörerischen Energien – und uns in unseren Bestrebungen unterstützt. Ein lebendiges Beispiel hierfür ist für mich Aung San Suu Kyi, die Anführerin der gewaltlosen, prodemokratischen Bewegung in Birma (Myanmar), die seit 1989 wegen ihrer politischen Aktivitäten von der Militärregierung immer wieder unter Hausarrest gestellt worden war, der erst im November 2010 vollständig aufgehoben wurde. Im Jahre 1991 erhielt sie den Friedensnobelpreis. Suus Söhne waren zwölf bzw. sechzehn Jahre alt, als ihr Arrest angeordnet worden war, und konnten ihre Mutter daraufhin jahrelang nicht mehr sehen. Über zwei Jahre vergingen, bis sie zum ersten Mal wieder

Kontakt mit ihrem Ehemann aufnehmen durfte.

Ihren Arrest beschrieb Suu so: "Ich lehnte es ab, irgendetwas vom Militär anzunehmen. Manchmal hatte ich nicht einmal genug Geld, um mir etwas zu essen zu beschaffen. Die mangelhafte Ernährung schwächte mich so sehr, dass ich begann, unter Haarausfall zu leiden und nicht einmal mehr alleine aus dem Bett kam." Trotz ihres schweren Leids sagte Suu später einmal: "Als ich meine Aufzeichnungen mit denen meiner Kollegen in der burmesischen Demokratiebewegung verglich, die lange Haftstrafen verbüßen mussten, fanden wir heraus, dass wir alle eine gemeinsame Erfahrung gemacht hatten: Wir hatten ein gesteigertes Gespür für Mettā, liebevolle Güte und Achtsamkeit, entwickelt. Wir hatten die heilsamen Auswirkungen von Mettā kennengelernt und gespürt – aber auch die negativen, lebensfeindlichen Energien von Wesen, denen es an Mettā mangelte."

Dieses Engagement für die Liebe als Antriebskraft für unsere Bemühungen, Dinge zum Besseren zu verändern, aktiv auf Ungerechtigkeit oder das Leid eines Menschen, den wir lieben, zu reagieren, ist die Essenz aufgeklärten gesellschaftlichen Handelns und der Fürsorge für andere. Wenn wir uns weigern, jemandem Leid zuzufügen, wenden wir uns dem von Mitgefühl motivierten Antrieb zu, allen Menschen zu Glück, Freude und Wohlergehen zu verhelfen. In der meditativen Mettā-Praxis erklären wir: "So wie ich selbst frei von Schmerz und Leid sein möchte, so mögen alle Wesen ebenso frei sein von Schmerz und Leid. So wie ich selbst glücklich und zufrieden sein möchte, so mögen alle Wesen ebenso glücklich und zufrieden sein."

Unter ihrem jahrelangen Hausarrest lebte Aung San Suu Kyi täglich mit dem Kontrast zwischen "den Auswirkungen von Mettā" (der Entwicklung größerer Liebe und stärkeren Mitgefühls für alle Wesen) und den Auswirkungen negativer, lebensfeindlicher Energien von "Wesen, denen es an Mettā mangelte" (der Entmenschlichung, die sie und ihre Kollegen erfahren hatten). Während ein Mangel an Mettā zu Schmerz und Leid führte, führte die Kraft von Mettā – sowohl in Suus eigenem Geist als auch in dem anderer um sie herum – zu einer ganz neuen Handlungsebene, von der aus sie zusammen an den angestrebten Veränderungen arbeiteten.

Eigenschaften wie Liebe und Mitgefühl heben unsere Bemühungen von der Ebene des Dualismus und dem ständigen Konflikt zwischen "uns" und "ihnen" auf diese neue Handlungsebene. Mit diesem Gefühl einer erweiterten Sichtweise auf das Leben gehen wir unsere Bestrebungen mit Geduld und Langmut an. Wir fühlen uns ermutigt, unsere Bemühungen fortzusetzen – selbst wenn uns anfangs Fehler unterlaufen sind –, bis wir das erwünschte Ergebnis vor uns sehen. Die Erkenntnis und ständige Erinnerung daran, dass die Zukunft nicht aussehen muss wie die Gegenwart, bildet die Grundlage unserer Bestrebungen, Hoffnungen und Sehnsüchte.

Wir können spirituelle Werte wie etwa Liebe für uns bejahen und auf ihnen aufbauen, um so unsere Handlungen herauszuheben aus dem Zeitlichen, aus der starren Dualität und der damit einhergehenden Erwartungshaltung, ohne unbedingt einer religiösen Glaubensrichtung anzugehören, deren Lehren wir übernehmen müssen. Unabhängig von unserem Glaubenssystem verfügen wir immer über die Kraft, unsere Herzen zu öffnen – ohne Dogma, dafür mit umso mehr Verstand, Einsicht und Urteilsvermögen –, um auf das größere Bild zu blicken, das hinter den unmittelbaren Umständen sichtbar wird.

Wir können unseren Handlungen auf vielerlei Weise einen neuen Sinn verleihen. In der Meditation können wir zum Beispiel erkennen, wie sehr alle Menschen, Dinge und Umstände einem ständigen Wandel unterliegen, und wir kommen zu dem Schluss, dass wir inmitten all dieser Veränderungen nicht gefangen, sondern ständig von neuen Möglichkeiten umgeben sind. Diese Erkenntnis ist das beste "Lösungsmittel" für Hoffnungslosigkeit. Wenn wir imstande sind, auch in Zeiten von Schmerz und Leid immer noch unsere Verbundenheit mit anderen Menschen zu spüren und zu erkennen, dass wir alle – unabhängig von unseren gegenwärtigen Lebensumständen – verletzlich und verwundbar sind, dann erkennen wir auch, dass wir in Wahrheit nicht von anderen Menschen isoliert und auf uns allein gestellt sind. Diese Kraft der Verbundenheit weckt unsere Liebe und ist die Antriebskraft für liebevolle Güte und Achtsamkeit.

Lass es dort, von wo es ausging

Ich hörte bei einer Gelegenheit, dass der Buddha in der Nähe von Rājagaha, im Bambushaine, weilte (…). Dies aber hörte der Brahmane Akkosaka ["Schmäher"] Bharadvaja. Zornig und missmutig begab er sich dorthin, wo sich der Erhabene befand. Dort angekommen, schmähte und beschimpfte er ihn mit gemeinen, rohen Worten.

Auf diese Worte hin sprach der Buddha zu ihm: "Was meinst du, Brahmane? Kommen zu dir wohl auch Freunde und Amtsgenossen, nähere und fernere Verwandte als Gäste?"

"Ja, Herr Gotama, es kommen zu mir wohl auch manchmal Freunde und Amtsgenossen, fernere und nähere Verwandte als Gäste."

"Und was meinst du: Wartest du ihnen auch manchmal Speisen auf zum Kauen, zum Essen, zum Kosten?"

"Ja, manchmal warte ich ihnen wohl auch Speisen auf zum Kauen, zum Essen, zum Kosten."

"Und wenn sie das nicht annehmen, auf wen fällt es dann zurück?"

"Wenn sie das nicht annehmen, Herr Gotama, fällt es ganz auf mich zurück."

"Ebenso ist es, Brahmane, wenn du mich, der nicht schmäht, verschmähst; wenn du mich, der nicht spottet, verspottest; wenn du mich, der nicht schimpft, beschimpfst ... Dann nehme ich das von dir nicht an. Es fällt auf dich zurück, Brahmane. Es fällt alles auf dich zurück.

Wer einen, der schmäht, wieder verschmäht, einen, der spottet, wieder verspottet, einen, der schimpft, wieder beschimpft, von dem sagt man, dass er mit dem anderen zusammen speist, mit ihm verkehrt. Doch ich speise weder mit dir zusammen noch verkehre ich mit dir, Brahmane. Es fällt auf dich zurück. Es fällt alles auf dich zurück."

Der Buddha

Die Tochter einer meiner Freundinnen war im Kindergarten mit einem Jungen zusammen, der sehr leicht erregbar war und zu körperlicher Aggressivität neigte, wenn er verärgert war. Trotzdem kamen er und die Tochter meiner Freundin sich im Laufe der Zeit sehr nahe, und er fasste Vertrauen zu ihr. Eines Tages sprach er sie in der Schule an, um sie um Hilfe zu bitten. Er bemerkte ihr gegenüber, dass er sehen könne, wie sie gut Freund mit jedermann sei, und er bat sie, ihm doch beizubringen, wie er auch mit jedermann freundlich gestellt sein könnte. Ihre Antwort war kurz und bündig: "Versuche einfach, andere nicht zu schlagen."

Dieser Rat erinnerte mich an einen Artikel in der *New York Times* vom 12. Juni 2007 mit dem Titel *In the Classroom, A New Focus on Quieting the Mind* (ein Artikel über den Einsatz von Meditation und kontemplativen Methoden in der Erziehung an US-amerikanischen Schulen). Es folgte die Beschreibung eines fünfwöchigen Pilotprogramms an der *Piedmont Avenue Elementary School* in Oakland, Kalifornien. Ein sogenannter "Achtsamkeitscoach" besuchte jede Klasse der Schule zweimal in der Woche und führte mit den Schülern jeweils fünfzehnminütige Übungen durch, bei denen es darum ging, über den Atem Geist und Körper zu beruhigen. So übten unter anderem Schüler einer fünften

Klasse, auf ihren Atem zu achten, und ihr Coach forderte sie auf, "Mitgefühl zu kultivieren", indem sie sich auf ihre Gefühle besinnen sollten, bevor sie auf dem Schulhof oder dem Spielplatz gegenüber Mitschülern oder anderen Kindern handgreiflich würden.

Als einer der an dem Projekt teilnehmenden Schüler gebeten wurde zu beschreiben, was Achtsamkeit für ihn bedeute, antwortete er, Achtsamkeit bedeute, einem anderen Schüler "keine auf's Maul zu geben". Seine Beschreibung wurde zu meiner neuen Lieblingsdefinition des Begriffs "Achtsamkeit", denn ich glaube, sie beinhaltet eine ganze Menge. Sie weist darauf hin, dass wir Wut oder Verärgerung schon in ihren Anfängen in uns spüren können – und nicht erst fünfzehn daraus entstehende unbedachte Handlungen später, nur um erst dann zu bemerken: "Oh, ich war wohl in Wut geraten ..."

Es bedeutet, in Beziehung zu treten mit unseren eigenen, mitunter schwierig zu beherrschenden Gefühlen und Reaktionen, so dass wir ihnen weder resignierend erliegen noch sie hasserfüllt bekämpfen. Die beiden letzteren Reaktionen schaukeln diese schwierig zu beherrschenden Gefühle eher noch auf, selbst wenn wir das gar nicht wollen. Wenn wir Achtsamkeit so definieren, dass wir einem anderen "keine auf's Maul geben", bedeutet dies, dass wir für uns etwas ganz Grundsätzliches feststellen: Wir können uns an eine zuvor gelernte Lektion erinnern und dadurch klarere und bessere Entscheidungen in Bezug auf unsere Handlungen treffen. Wir ziehen es dann unter Umständen vor, nicht auf Beschimpfungen, Beleidigungen, Hohn oder Spott einzugehen, sondern – wie in obigem Beispiel mit dem Buddha und dem Brahmanen – es dort zu lassen, von wo es ausging, so dass es auf den "Urheber" zurückfällt. So bleiben wir geistig und emotional frei.

Die Mutter des Schülers, der Achtsamkeit als "jemandem keine auf's Maul zu geben" beschrieb, sagte einmal bei einem Elterntreffen: "Er weiß einfach nicht, wohin mit seiner Energie, und handelt oft im Affekt. Doch eines Tages stand er nach der Schule vor mir, und bevor er wieder in ähnlicher Weise reagierte, sagte er: 'Lass mich kurz drüber nachdenken.'" Wenn wir uns ebenso daran erinnern, uns zu besinnen und "kurz drüber nachzudenken", bevor wir – wenn auch nur verbal – auf andere Menschen "eindreschen" oder gedankenlos handeln, können wir unser Leben mehr auf Güte, Achtsamkeit und Wohlwollen ausrichten.

"Wer von euch
frei von Sünde ist …"

In einer Erzählung über den großen indischen Weisen Neem Karoli Baba (Maharaji) war die Rede von einem Polizisten, der einen Gefangenen durch die Stadt führte und dabei sehr grausam und herzlos zu ihm war. Maharaji sagte zu dem Polizisten: "Lass das sein." Der Polizist reagierte darauf frech und anmaßend, doch Maharaji antwortete: "Du solltest freundlicher und gütiger sein, denn du weißt nie, wann du in derselben Situation sein wirst wie dieser Gefangene."

Nur einen Tag nach diesem Vorkommnis wurde der Polizist wegen Bestechlichkeit festgenommen und in Ketten durch die Stadt geführt.

Gemäß der buddhistischen Kosmologie, nach der das Zeitliche ursprungslos ist, hat jeder von uns alle möglichen Arten von guten und schlechten Taten in diesem und in früheren Leben begangen. Über viele Leben hinweg, so sagen die Buddhisten, sind wir füreinander Kinder und Eltern, Freunde und Feinde sowie Liebende und Hassende gewesen. Wir haben uns gegenseitig wehgetan als auch vor Schmerzen bewahrt, wir haben uns gegenseitig unterstützt, sind uns aber auch in den Rücken gefallen. Wir haben alles mit und für jemanden getan, haben aber auch gegen ihn gewirkt. Wir haben uns gegenseitig umgebracht, ebenso wie wir uns geholfen und zugearbeitet haben, und wir haben so ziemlich jede erdenkliche Rolle im Leben gespielt.

Wenn wir aus dieser erweiterten Perspektive Handlungen betrachten, die wir als grausam, schrecklich oder unmoralisch bezeichnen – obwohl wir uns klar darüber sind, dass wir mit diesen Urteilen Fehler begehen können –, sollten wir dies folgerichtig ohne Selbstgerechtigkeit tun. Wir können nicht einfach behaupten: "Ich, der ich hier oben so rein und makellos bin, schaue auf dich da unten, der du diese schreckliche Tat begangen hast, zu der ich nie fähig wäre" – denn zu einem bestimmten Zeitpunkt, wenn auch vielleicht weit zurück in der Vergangenheit, haben wir genau dieselbe schreckliche Tat begangen.

Wenn wir also unmittelbar mit solchem Fehlverhalten und dem daraus resultierenden Leid und Schmerz zu tun haben und versuchen, es zu unterbinden und Ungerechtigkeiten wiedergutzumachen, können wir auf diese Missstände eingehen, ohne hartherzig oder hochmütig zu reagieren.

Natürlich ist dies kein System des Denkens oder Glaubens, das jedermann einleuchtet. Es gibt allerdings noch viele andere Ansätze, um zu ähnlichen Einblicken und Erkenntnissen zu gelangen. Ich glaube nicht, dass es allzu intensiver Selbstbetrachtung bedarf, um zu erkennen, wie viele Impulse, Wünsche, Ängste und Momente von aggressiver und feindseliger Stimmung in solchen Situationen in unserem eigenen Geist hervortreten. Sicher handeln wir nicht immer auf der Grundlage all dieser Impulse oder Ängste, weil wir durch unser Bewusstsein und unsere Erfahrungen darin geübt sind, mit ihnen einsichtsvoll umzugehen. Und manchmal haben wir in solchen Situationen auch einfach nur Glück; waren Sie nicht auch schon einmal in einer Situation, in der Sie sich fast zu einer bestimmten Handlung hätten hinreißen lassen, nur um kurz darauf innezuhalten und zu sich selbst zu sagen, "Gott sei Dank, das war verdammt knapp – ein Glück, dass ich diese Dummheit nicht begangen habe"? Wir haben vielleicht die Weisheit, den Mut, das

Bewusstsein, die Möglichkeit oder den Anstand, diesen Impulsen nicht nachzugeben. Doch von der Annahme auszugehen, dass diese Impulse gar nicht erst in uns aufkommen, ist schlichtweg unrealistisch.

Wir können richtig von falsch unterscheiden, wir können effektive Maßnahmen ergreifen, um uns selbst oder einander zu beschützen, wir können versuchen, Unrecht zu beheben oder jemanden davon abzuhalten, anderen Leid zuzufügen. *Und* wir können all dies aus einer Einstellung der Verbundenheit mit unseren Mitmenschen heraus tun, statt uns von ihnen getrennt zu sehen und sie für ihr Verhalten zu verurteilen.

Überlegungen zu liebevoller Güte gegenüber einer "schwierigen" Person

Woher sollte dem Zornlosen Zorn kommen,
dem gebändigten, gelassen Lebenden,
der durch vollkommene Erkenntnis erlöst ist,
dem Befriedeten, Vollendeten?

Es ist für einen nur noch schlimmer,
wenn man dem Erzurnten wieder zürnt;
wer aber dem Erzürnten nicht wieder zürnt,
besonnen in Ruhe verharrt,
ihn, der beiden Heilung bringt,

sich selber und dem andern,
halten für einen Toren nur die Leute,
die unkundig sind der wahren Lehre.

Der Buddha

Wenn Sie sich in liebevollem, wohlwollendem Umgang mit einer "schwierigen" Person üben, ist es nützlich, sich an das Prinzip zu erinnern, möglichst immer mit den einfachsten Schritten zu beginnen. Suchen Sie sich für Ihre Übung nicht gleich die verhassteste, grausamste oder schrecklichste Person in Ihrem Leben, auf der Weltbühne oder in der Geschichte der Menschheit aus. Probieren Sie es zunächst mit jemandem, den Sie als "moderat schwierig" einschätzen – jemand, mit dem Sie sich vielleicht in einer Konfliktsituation befinden, oder jemand, der – wenn Sie über ihn oder sie nachdenken – in Ihnen ein Gefühl des Unbehagens oder gar leichte Ängstlichkeit auslöst.

Diese Übung sollten Sie mit einem gewissen Maß an Interesse und Aufgeschlossenheit durchführen; Sie sollten bereit sein, Ihre Gefühle und Reaktionen gründlich zu erforschen, ohne allerdings von ihnen überwältigt zu werden. Selbst einer "moderat-schwierigen" Person liebevolle Güte und Wohlwollen entgegenzubringen, kann sich alles andere als leicht anfühlen. Unser Ziel ist es, die Übung mit einer Art Forschergeist anzugehen, nicht mit schwerem Herzen oder einem Übermaß an Selbstverurteilung. Vielmehr wollen wir die Fähigkeit gewinnen, gelassen Selbstreflexion zu betreiben und so unsere Widerstände und Zurückhaltungen einerseits und unser Anhaften an bestimmte Einstellungen und Umstände andererseits zu lösen.

WUT

Es ist nützlich zu erkennen, dass in Gefühlen wie Wut und Empörung ein großes Maß an Klarheit zum Ausdruck kommen kann. Mitunter können solche Gefühle an der Oberfläche sozialer Nettigkeiten rühren und dazu führen, dass Negierungen, Vorwände und falsche Masken fallengelassen werden. Wenn wir aufgebracht sind, fällt es uns gewöhnlich leichter, bestimmte "heikle" Wahrheiten auszusprechen, auch wenn wir uns dadurch nicht unbedingt beliebt machen. Doch blinde Wut kann uns sehr in die Irre führen. Wenn wir unserer eigenen Wut erliegen, verlieren wir uns in einer Art Nebel. Darin können wir nicht mehr klar erkennen, wer wir sind, wer diese andere Person ist und was aus jedem von uns noch werden könnte. Wir vergessen dann leicht, dass es für uns eine Vielzahl von Möglichkeiten der persönlichen Veränderung gibt. Wir übersehen dann, wie sehr alles um uns herum von Konditionierungen geprägt ist – und dass keine

Handlung für sich allein im Raum steht, unabhängig von den Umständen, die zu ihr geführt haben.

Die in der buddhistischen Psychologie oft verwendete Metapher zur Beschreibung von Gefühlen wie Wut und Empörung greift auf das Bild eines Waldbrandes zurück; das Feuer lodert wild auf, verzehrt alles und lässt uns am Boden zerstört zurück – oft ganz woanders, als da, wo wir eigentlich sein wollten. Der Buddha sagte dazu: "Der Jähzorn mit seinem Giftquell und fieberhaftem Hochgefühl ist mörderisch süß." Wut und Jähzorn sind ein zweischneidiges Schwert – einerseits befreiend durch die Lösung der angestauten Energie, andererseits "mörderisch", wie der Buddha sagt, also zerstörerisch und einem harmonischen Miteinander abträglich. Wut, Hass und Jähzorn können uns ein vorübergehendes Gefühl der Stärke geben, doch der Schaden, der dadurch vielleicht angerichtet wird, kann enorm sein.

Unsere Bemühungen sollten einerseits darauf abzielen, diese Gefühle nicht zu unterdrücken; andererseits sollten sie aber auch nicht zu einem zwanghaften Automatismus werden, auf dessen Grundlage wir handeln. Wir sollten uns in unsere Wut, unsere Rage hineinfühlen, und zwar voll und ganz, und diese Gefühlswallungen dann durch uns hindurchströmen lassen, ohne uns mit ihnen zu identifizieren und sie dadurch zu verfestigen.

Menschen verwechseln oft das Loslassen von Wut mit dem Loslassen eines Prinzips oder Gefühls für Recht und Unrecht oder des Selbstwerts. Doch trifft dies so nicht zu. Wir können die Energie und Klarheit dieser Sichtweise für uns nutzen, ohne uns in engen geistigen Beschränkungen und Selbstvergessenheit zu verlieren. Das ist der Beginn einer Entwicklung hin zu der Stärke des Mitgefühls statt zu einer Art beschränkender, reflexartiger Wut.

Wir sollten uns auch an Folgendes erinnern: Wenn wir uns in Wut- und Hassgefühlen verlieren, sind die Leidtragenden vor allem wir selbst. Ich hörte den Dalai-Lama vor einiger Zeit einmal sagen: "Wenn du einen Feind hast und du dich ständig zwanghaft mit diesem Feind beschäftigst, kann dein ganzes Leben von dieser Zwanghaftigkeit, dieser Identifikation mit einem Feindbild, eingenommen werden. Das begrenzt dich und deine Entscheidungsfreiheit extrem stark. Du hast dann kaum Appetit, schläfst schlecht und bist so beschäftigt mit diesem Konflikt, dass du überhaupt nichts anderes unternehmen kannst." Dem fügte er hinzu: "Warum solltest du deinem Feind dieses Gefühl der Genugtuung geben, dein Leben erfolgreich ruiniert zu haben?" In der Tat: Wäre es nicht viel besser, deinen Feind zu verärgern, indem du ihm zeigst, wie glücklich du bist?

Den Menschen, die wir als "schwierig" empfinden, liebevolle Güte und Wohlwollen entgegenzubringen, hat nichts damit zu tun, uns selbst aufzugeben oder so zu tun, als ob alles "lieb und nett" ist und alles, was je geschehen ist, in Ordnung gewesen wäre. Die Wahrheit ist höchstwahrscheinlich, dass eine ganze Menge überhaupt nicht in Ordnung ist. Doch aus einem Mitgefühl für uns selbst heraus und aus wirklichem Respekt vor unserer Fähigkeit, aus freiem Herzen zu handeln, üben wir uns in liebevoller Achtsamkeit und in Wohlwollen. Es liegt uns fern, so zu tun, als ob wir alle Menschen mögen und ihre Handlungen ausnahmslos gutheißen würden. Vielmehr ist das Ganze eher wie ein Experiment: Wir sehen, was geschieht, wenn wir uns der Verbundenheit mit einem anderen Menschen bewusst sind, statt nur Distanz und Entfremdung zu fühlen. Wir sehen, was geschieht, wenn wir den Wunsch haben, uns von unserem eigenen Schmerz und Leid zu befreien. Wir sehen, was geschieht, wenn wir dem Schmerz eines anderen Menschen Aufmerksamkeit schenken, statt uns nur auf sein Fehlverhalten zu konzentrieren.

Wenn wir uns auf diese Weise eine Zeit lang darin geübt haben, "schwierigen" Menschen Achtsamkeit und Wohlwollen entgegenzubringen, könnten wir uns dazu ermutigt fühlen, auch Menschen in unsere Übungen mit einzubeziehen, die uns stärker verletzt oder geschadet haben. Zu jenem Zeitpunkt haben wir oft schon genug Vertrauen in die Kraft von Mettā als Gegenstück zu Angstgefühlen entwickelt, ebenso wie in unsere Fähigkeit, Mettā zum Ausdruck zu bringen, um die Übung mit leichtem Herzen durchzuführen. Meist ist uns dann auch schon klar, was der Unterschied zwischen Mitgefühl für jemanden einerseits und rein passivem Nachgeben gegenüber dieser Person andererseits ist. Und wir sind zu der Einsicht gelangt, dass wir eine Balance herstellen sollten zwischen Liebe und Mitgefühl für einen anderen Menschen und Liebe und Mitgefühl für uns selbst.

Sollte es uns jedoch zu irgendeinem Zeitpunkt zu schwerfallen, gegenüber einer "besonders schwierigen" Person Liebe, Mitgefühl und Wohlwollen zum Ausdruck zu bringen, brechen wir die Übung ab und wenden uns wieder uns selbst, einem Freund oder einem Menschen zu, der uns wohlgesonnen ist, um die Übung mit dieser Person fortzusetzen. Dies ist weder Drückebergerei noch ein Rückzug aus Feigheit, sondern Ausdruck der Offenheit und Kreativität, die diese Meditationspraxis tatsächlich von uns fordert und mit der sie erst von Erfolg gekrönt ist.

Nach einiger Zeit verspüren wir dann vielleicht den Wunsch, auch "schwierigere" Personen wieder in unsere Übungen mit einzubeziehen und uns den daraus resultierenden Herausforderungen zu stellen: Ärger, Frustration, Kontrollzwänge, Rage, Furcht, aber auch die Möglichkeit einer grundsätzlichen Änderung unseres Verhaltens.

Mitunter entdecken wir diese Herausforderung und die Aussicht auf bedeutsame Veränderungen selbst inmitten schrecklicher Umstände. Ich konnte das an mir selbst beobachten: Als im Juli 2005 ein Bombenanschlag auf die Londoner U-Bahn verübt wurde, war meine erste Reaktion dieselbe wie die vieler anderer Menschen um mich herum: Trauer um die unschuldigen Anschlagsopfer ebenso wie Bestürzung über den täglichen Verlust vieler Menschenleben überall auf der Welt – und ein Gefühl beklemmender Furcht beim Betreten der New Yorker U-Bahn.

Willa, meine damals siebenjährige Patentochter, sah die Dinge etwas anders. Als man ihr erzählte, was geschehen war, stiegen ihr Tränen in die Augen, und sie sagte: "Mom, wir sollten ein Gebet sprechen." Als sie und ihre Mutter dasaßen und sich an den Händen hielten, sagte Willa etwas, das ihre Mutter in Erstaunen versetzte: "Mögen diese gewalttätigen Menschen sich an die Liebe in ihren Herzen erinnern."

Auf Aggressivität mit Aggressivität zu reagieren oder auf Rache und Vergeltung zu sinnen, ist etwas, das uns vertraut ist und nur allzu leichtfällt – doch wenn wir diesen Gefühlen nachgeben, ist das Ergebnis fast immer

Frust, Erschöpfung und Abgespanntheit. Wenn wir jedoch bereit sind, uns auf eine neue Ebene des Denkens und Fühlens zu erheben, stellen wir fest, dass wir zu viel mehr fähig sind, als wir uns gewöhnlich vorstellen können. Egal, wie unsere Vergangenheit ausgesehen haben mag – hier und jetzt können wir anfangen, uns anders zu verhalten. Wir können uns aus den alten Reiz-Reaktionsmustern herausbewegen, Misshandlungen und Ungerechtigkeiten hinter uns lassen und Hoffnung statt Verzweiflung spüren. Eine neue Sichtweise des Lebens zu "riskieren", versetzt uns in die Lage, neue Verhaltensweisen auszuprobieren; wenn wir zum Beispiel angeschrien werden, schreien wir nicht automatisch zurück und sinnen auch nicht reflexartig auf Rache. Stattdessen könnten wir Mittel und Wege der Kommunikation finden, die die von uns vertretene Botschaft vermitteln, ohne uns selbst oder andere um uns herum zu verletzen oder ihnen Schaden zuzufügen.

Stellen Sie sich vor, wie es wäre, wenn wir mit dem, was wir sagen und tun, nicht zwanghaft im Recht sein müssten; wenn wir unsere alten Angewohnheiten und unseren Wunsch, unbedingt so wie jemand anders zu sein, ablegen und stattdessen versuchen würden, uns in dem zu üben, was der Buddha seinerzeit gelehrt hat: "Auf Hass mit Hass zu reagieren, führt nur zu noch mehr Hass; nur in Gegenwart der Liebe lassen die Menschen von ihm ab."

Diese Handlungsweise würde bedeuten, sich auf ein großes "Bewusstseinsabenteuer" einzulassen. Dies bedarf der Bereitschaft, neue Wege zu beschreiten, ein neues Verständnis des Begriffs "Macht" zu entwickeln und eine Eigenschaft wie Geduld eher als Stärke denn als Resignation zu begreifen. Vielleicht würde es auch bedeuten, gegen unerwünschte Einmischungen zu protestieren, Ungerechtigkeiten zu beheben und auf jene Menschen zu achten, für die wir verantwortlich sind; doch bei diesem Ansatz würden wir auf das Leben und seine komplexen Strukturen eingehen und für Veränderungen offen bleiben. Dies ist der Weg aufmerksamer Achtsamkeit, der die Welt und die Menschen um uns herum aufleben lässt und uns über ein Schubladendenken mit Kategorien wie "wir" und "sie" oder "ich" und "die anderen" hinaushebt.

Dies ist ein Prozess der Entspannung des Herzens und seiner Befreiung von Gefühlen wie einschnürender Angst und zersetzendem Groll. Es ist ein Prozess der Wiedergewinnung unserer eigenen Energie, die aufgrund bestimmter Umstände oder Situationen in der Vergangenheit dort an Ort und Stelle gebunden war und uns seitdem nicht mehr zur Verfügung stand. Und es ist ein Prozess der Erweiterung unserer Fähigkeit zu Mitgefühl und Achtsamkeit – mit dem Vertrauen darauf, dass uns dies nicht schwächen oder auszehren wird. Dies ist ein tiefgreifender, herausfordernder, aber auch befreiender Entwicklungsprozess, und es ist in Ordnung, wenn er so viel Zeit braucht, wie er nun einmal benötigt. Wie eine Bekannte von mir vor kurzem einmal sagte: "Nach wessen Zeitplan arbeiten wir?"

Großzügigkeit

Der Buddha sagte einmal, dass ein wahrhaft spirituelles Leben ohne ein großzügiges Herz nicht möglich ist. Großzügigkeit ist die erste Charaktereigenschaft eines erwachten Geistes. Der spirituelle Weg beginnt dort, weil die Lebensfreude einem großzügigen Herzen entspringt. Reine, ungehinderte Freude kommt zum Ausdruck, wenn wir Großzügigkeit praktizieren. Wir erfahren Freude, wenn wir die Absicht haben, etwas zu geben, dies dann tatsächlich tun und uns später wieder ins Bewusstsein zurückrufen, dass wir etwas gegeben haben.

Wenn wir freudiges Geben praktizieren, spüren wir, wie unser Selbstvertrauen steigt. Wir wachsen in Bezug auf unser Selbstwertgefühl, unsere Selbstachtung und unser Wohlergehen, weil wir fortlaufend unsere Grenzen ausloten. Unsere gewohnheitsmäßige Konditionierung sagt uns, "Ich werde so viel geben und nicht mehr, denn selbst wenn ich nur ein klein wenig gebe, wird mich das auszehren", oder "Ich werde dieses Etwas nur geben, wenn ich von anderen für diesen Akt des Gebens ausreichend anerkannt werde."

Wenn wir uns in Großzügigkeit üben, lernen wir, unsere Konditionierung zu durchschauen. Wir sehen dann, dass unsere Konditionierung tatsächlich konstruiert und durchschaubar ist; sie weist keine unveränderliche Festigkeit auf und muss uns nicht zwangsläufig zurückhalten. Wir können klare Entscheidungen treffen auf der Basis dessen, was angemessen und situationsgerecht ist, und nicht, weil wir von alten Ängsten dazu veranlasst werden.

Bei der Praxis der Großzügigkeit geht es deshalb um das Schaffen von Raum. Wir erkennen unsere Grenzen, und wir erweitern diese bewusst, fortlaufend und mit Freude. Dies erzeugt Raum und Weite im Geist und somit Ruhe und Gelassenheit.

Denken Sie daran, was geschieht, wenn das Gegenteil der Fall ist – wenn der Geist eingeengt, freudlos und leicht reizbar ist. Sie spüren dann ein Unbehagen, eine treibende Ungeduld, und wir haben dann das Gefühl, dass wir uns selbst nicht allzu sehr mögen. Im Gegensatz dazu gibt uns ein weiter, offener Geist das Gefühl, nicht so gebunden und beschränkt zu sein, und wir neigen nicht mehr so sehr zu Selbstabwertung und ähnlichen Verhaltensmustern.

Großzügigkeit verfolgt zwei Ziele: Das erste ist, unseren Geist von Konditionierungen zu befreien, die uns binden und begrenzen. Begierde, Verlangen und Anhaftung führen zu einer Art "geistiger Gefangenschaft" und einem Mangel an Selbstachtung. Wenn wir ständig Ausschau halten nach einer Person oder Sache, von der wir glauben, dass wir sie benötigen, um uns "vollständig" zu fühlen, versäumen wir, uns bewusst zu machen, dass wir zu jeder Zeit bereits vollständig sind. Es ist in etwa so, als ob wir einer Illusion, einem Trugbild anhängen, nur um dann festzustellen, dass es uns keine Unterstützung geben kann – es ist da nichts Konkretes vorhanden.

Wenn wir ständig auf der Suche nach der nächsten Erfahrung, dem nächsten Vergnügungsmoment, dem nächsten "Kick" sind, ist das in etwa so, als ob wir uns von einer Illusion zur nächsten schleppen. Wir spüren keine Sicherheit, keine Gewissheit, nichts, das uns stützt und aufrechterhält. Wir praktizieren Großzügigkeit, um den Geist von dieser Selbsttäuschung zu befreien, um die Zwanghaftigkeit unserer Begierden und Anhaftungen zu lösen, so dass wir echtes Glück und wahre Freude erleben können.

Wir können auch Großzügigkeit praktizieren, um andere Menschen auf dieselbe Weise geistig zu befreien, allen Wesen zu Wohlergehen und Glück zu verhelfen und das Leiden auf der Welt irgendwie zu lindern – soweit es in unserer Macht liegt. Wenn wir uns wirklich, ehrlich und voll und ganz in Großzügigkeit üben, spüren wir die Weite und Offenheit unseres eigenen Geistes; wir erleben inneren Frieden, und wir lernen auch, allen lebendigen Wesen uneingeschränkt Mitgefühl und Wohlwollen entgegenzubringen.

Ein Beispiel: Der Buddha sagte einmal, wenn wir jemandem eine Speise anbieten, geben wir dieser Person nicht nur etwas zu essen, sondern wir geben noch viel mehr. Wir geben ihr Kraft, Stärke, Gesundheit, Schönheit, einen klaren Geist, ja sogar das Leben selbst, denn ohne Nahrung ist all dies nicht möglich.

Diese einfache Handlung, jemandem eine Speise anzubieten, macht einen enorm großen Anteil am spirituellen Weg in seiner Gesamtheit aus. Im Akt des Gebens richten wir uns auf bestimmte anerkannte Werte aus.

In diesem Moment kommt Liebe zum Ausdruck, denn wir fühlen Wohlwollen gegenüber der Person, die etwas von uns erhält; wir erleben ein Gefühl des Einsseins mit diesem Menschen statt Distanz oder Entfremdung. Im Augenblick des Gebens spüren wir Mitgefühl, denn unser Wunsch ist, dass dieser Mensch frei von Schmerz und Leid und somit glücklich ist.

Im Akt des Gebens erfreuen wir uns am Glück eines anderen Menschen, statt Gefühle zu hegen, die wir nur allzu gut kennen – Neid, Missgunst, Eifersucht und der Wunsch, dass jemand doch nicht ganz so glücklich sein möge, wie er ist, damit wir uns in unserer eigenen Haut vergleichsweise etwas glücklicher fühlen können. Wenn wir etwas geben, ist es unsere Absicht, unserem Gegenüber zu noch mehr Glück und Freude zu verhelfen.

Im Moment des Gebens lassen wir Gefühle wie Groll, Feindseligkeit und Abneigung einfach fallen. Abneigung erzeugt Trennung und Rückzug, ein Gefühl des Uneinsseins mit der anderen Person. Geben ist ein Akt der Vorwärtsbewegung auf jemanden zu; wir kommen uns näher, bringen uns ein und fördern uns gegenseitig. Wir lassen auch ab von unseren Illusionen, denn wenn wir andere Menschen fördern und unterstützen, sind wir uns unserer Handlungen, Entscheidungen und Wertvorstellungen in erhöhtem Maße bewusst. Und wir

erkennen, was wir mit einer solchen Geisteshaltung be-
wirken können.

Deshalb sagte der Buddha, wenn wir wüssten, welche
Kraft im Akt des Gebens steckt, würden wir keine einzige
Mahlzeit einnehmen, ohne sie mit einem anderen Menschen zu teilen. Dies können Sie sogar geistig nachvoll-
ziehen, ohne der Person vor Ihnen tatsächlich etwas Ge-
genständliches zu geben. Wir können nämlich in vielerlei
Weise geben: materiell in Form von Dingen und Geld,
aber auch immateriell in Form von Zeit, Hilfe, Fürsorge
und Zuwendung.

Wenn wir jemandem aus diesen Motiven heraus ein
Geschenk machen – ohne Erwartungen, ohne Anhaftung
an ein bestimmtes Ergebnis, ohne darauf zu spekulieren,
etwas vom Beschenkten dafür zurückzuerhalten –, ist
das wie ein Freudenfest, wie eine Feier unserer eigenen
inneren Freiheit als Gebender und auch der Freiheit
des Menschen, der etwas von uns erhält. In solch einem
Moment wird unsere Beziehung zum Gegenüber nicht
von bestimmten Rollen oder Differenzen zwischen uns
geprägt. Es gibt auch keine Hierarchie, keine Rangordnung
zwischen Geber und Empfänger. Im Moment des reinen,
unverfälschten Gebens werden wir eins. Wir sind dann
nicht mehr an ein bestimmtes Denken gebunden wie
etwa: "Nun, diese Person verfügt über weit mehr ma-

teriellen Reichtum als ich; welchen Unterschied würde
es also schon ausmachen, wenn ich ihr etwas gäbe?"
Oder: "Vielleicht mögen mich diese Menschen hier gar
nicht. Und doch stehe ich hier und biete ihnen etwas
an – wie einfältig und dumm von mir!" Oder: "Ich
möchte das möglichst schnell hinter mich bringen und
warte eigentlich nur auf den Moment, in dem man sich
bei mir bedankt." All diese gewohnheitsmäßigen, uns
beschränkenden Gedankenmuster lösen sich in dem
Moment auf, in dem wir etwas ehrlich, selbstlos und
ohne Erwartungen geben.

Innerer Reichtum

SO VIEL FREUDE

Was tun mit all der Freude?
Ist man traurig, gibt es wenigstens etwas,
an dem man sich reiben kann,
eine Wunde, die man mit Salbe und Tuch pflegen kann.
Wenn die Welt um dich herum zusammenbricht,
hast du immer noch Bruchstücke, die du aufheben kannst,
etwas, das du in deinen Handen halten kannst,
wie eine Eintrittskarte oder Kleingeld.

Doch Freude? Sie gleitet schwebend dahin.
Sie braucht dich nicht, um sie festzuhalten.

Sie braucht überhaupt nichts.
Freude landet auf dem Dach des nächsten Hauses, sin-
* gend,*
und entschwindet, wenn ihr danach ist.
Auf die eine oder andere Art bist du glücklich.
Selbst die Tatsache, dass du einst
in einem friedlichen Baumhaus gewohnt hast,
und nun nahe eines Steinbruchs mit Lärm und Staub,
kann dich nicht unglücklich machen.
Alles führt ein Eigenleben,
das auch erwachen könnte
in einer Fülle von Möglichkeiten –
von leckeren Kaffeetörtchen bis hin zu reifen Pfirsichen.
Und in deiner Freude liebst du selbst den Boden,
der gewischt werden muss,
die schmutzige Wäsche ebenso wie die zerkratzten Schall-
* platten …*

Kein Ort ist groß genug, um so viel Freude zu fassen,
und so zuckst du mit den Schultern, hebst deine Hände,
und es fließt aus dir heraus in alles, was du berührst.
Doch du bist nicht der Urheber.
Du rechnest dir nichts als Verdienst an,
so wie der Nachthimmel sich den Mond
nicht als Verdienst anrechnet und ihn doch

an Ort und Stelle hält, für alle sichtbar,
allen bekannt.

Naomi Shihab Nye

Mein Freund Krishna Das unterhielt sich einmal mit einem anderen Freund, der irgendwann im Verlauf des Gesprächs Krishna Das' Sakko bewunderte. Daraufhin zog Krishna Das sein Sakko prompt aus und bot es ihm als Geschenk an. Ungläubig und widerstrebend erhob sein Freund Protest und sagte, Krishna Das könne doch nicht einfach so sein Sakko weggeben. Krishna Das antwortete: "Die Welt ist voller Sakkos."

Es wird oft gesagt, Großzügigkeit in ihrer schönsten Form entspringt einem Gefühl inneren Reichtums. Mit dieser Sichtweise des Lebens erkennen wir, dass wir nichts verlieren, wenn wir etwas geben; es wird uns nichts entzogen oder weggenommen.

Interessant dabei ist, dass es hierfür keinen objektiven Maßstab gibt. Es gibt materiell arme Menschen, die dennoch ein starkes Gefühl inneren Reichtums spüren. Auch wenn sie über nicht viel Besitz verfügen, haben sie doch das Gefühl, genug zu haben, um es mit anderen teilen zu können, selbst wenn es nach außen den Anschein hat, dass sie nur so wenig besitzen. Doch diese Menschen geben, was sie können, und sie tun das mit Freude.

Und dann gibt es materiell reiche Menschen, die jedoch unglaublich stark unter innerer Armut leiden, und für sie ist es ungeheuer schwer, die Anhaftung an ihre Besitztümer zu lösen. Egal, wie viel sie tatsächlich materiell besitzen – in ihnen herrscht das Gefühl vor, nicht genug zu haben. Anderen etwas zu geben, ist für solche Menschen äußerst schwer, ja fast schon schmerzhaft.

Im *Tao Te King* (Daodejing), einer klassischen Textsammlung, die dem chinesischen Philosophen Lao-Tse zugeschrieben wird, gibt es hierzu ein interessantes Zitat: "Er, der weiß, genug ist genug, wird immer genug haben." Reichtum ist nicht nur ein äußerlicher Zustand, sondern auch und vor allem eine innere Einstellung. Eine der größten Freuden, die aus der Großzügigkeit hervorgeht, ist das Bewusstsein, dass – egal, wie viel oder wie wenig wir nach weltlichen Maßstäben besitzen – wir immer etwas geben können, wenn wir für uns wissen, dass wir genug haben. Dann können wir mit anderen Menschen teilen, uns öffnen und ihnen gegenüber Güte und Wohlwollen zum Ausdruck bringen. Wir können lächeln, anderen Aufmerksamkeit und Respekt zollen und uns liebevoll um sie kümmern.

Doch unsere geistige Konditionierung ist nicht auf Geben, Teilen und Loslassen, sondern auf Wollen, Haben und Festhalten ausgerichtet. Uns wurde beigebracht zu glauben, wir seien nicht genug, wir hätten nicht genug und müssten folglich an Erfahrungen, Menschen und Dingen festhalten, ja sogar noch mehr von alledem anhäufen, damit wir uns gut oder wenigstens etwas besser fühlen können. Das bedeutet nicht, dass Sie nun all Ihre Kleidungsstücke weggeben müssen; vielmehr geht es auch hier wieder um ein Experiment, nämlich den Mut aufzubringen, sich von allen Anhaftungen zu lösen und die Möglichkcit in Betracht zu ziehen, wie genussvoll und befreiend die Vorstellung sein kann, dass die Welt "voller Sakkos" ist.

Im Unrecht sein

Vor einiger Zeit trat ein Freund an mich heran, um mich um Rat zu bitten. Er war in Indien gewesen, wo er einen Guru kennengelernt hatte, der zu einer wichtigen Person in seinem Leben geworden war. Nun wollte er seinen Vater dazu überreden, sein komfortables Zuhause in den USA für eine gewisse Zeit aufzugeben, um mit ihm um die halbe Welt zu fliegen und eine mit Menschen überfüllte, subtropisch heiße Stadt zu besuchen, in der sich der doch ziemlich exotische Guru aufhielt, so dass sie einander kennenlernen konnten. Ich dachte kurz darüber nach und riet meinem Freund dann: "Weißt du, ich halte das für keine so gute Idee. Diese Stadt in Indien ist stickig, dreckig, laut und gefährlich. Das Essen dort wird deinem Vater überhaupt nicht bekommen; er könnte sogar daran erkranken. Und dann das viele lästige Ungeziefer ... Ach, und übrigens: Ich persönlich fand die ganze Szenerie und Atmosphäre um diesen Guru herum irgendwie sehr merkwürdig und befremdlich; ich könnte mir vorstellen, dass dein Vater sich von dem Ganzen eher abgestoßen fühlen wird. Und dann könnte es passieren, dass er alle spirituellen Bestrebungen rundheraus zurückweist, was unterm Strich ein schrecklicher Ausgang des ganzen Unternehmens wäre. Deshalb mein Rat: Tu es lieber nicht."

Doch mein Freund schenkte meinem Rat überhaupt keine Beachtung und reiste kurze Zeit später tatsächlich mit seinem Vater nach Indien. Als er einige Monate später zurückkehrte, erkannte ich sofort, wie falsch ich mit meinem Rat gelegen hatte. Sein Vater liebte einfach alles an Indien und fühlte sich dort wie zu Hause. Nicht nur, dass er den Guru bewunderte; er wurde auch einer seiner Schüler. Und nicht nur das: Er war entschlossen, die Lehren des Guru weiterzuverbreiten, und nahm deshalb einen umfassenden Lebenswandel vor. Mein Freund und sein Vater waren über all dies mehr als glücklich. Nachdem ich also hatte feststellen müssen, wie sehr ich mit meinem Rat danebengelegen hatte, stellte ich mir die heikle Frage: "Kann ich mich an ihrem Glück trotzdem genauso erfreuen?"

Manchmal bedeutet Güte und Wohlwollen, einen Schritt beiseite zu treten, uns von unserem Rechthabenmüssen zu lösen – und uns einfach am Glück anderer zu erfreuen. Die Entscheidungen dieser Menschen sind eben oft ganz andere als die, die wir ihnen – zu Recht oder zu Unrecht – nahelegen.

Wie die obige Geschichte zeigt, spüren wir manchmal das Bedürfnis, Recht haben zu wollen, wenn wir die Lebensentscheidungen anderer Menschen betrachten. Es ist nicht unbedingt so, dass sie vielleicht etwas Falsches oder Nachteiliges tun; sie führen ihr Leben einfach nicht so, wie wir für uns beschlossen haben, dass sie es tun sollten. Oder es stellt sich im Nachhinein heraus, dass unser Rat unbeachtet blieb oder sogar falsch war, wie in meinem Fall, und wir sehen uns mit der Tatsache konfrontiert, dass das Glück eines anderen Menschen sich nicht ausschließlich um uns, unser "fantastisches Vorauswissen" oder unseren "gesunden Menschenverstand" dreht. Stattdessen beruht es auf ihrem eigenen Einschätzungsvermögen, was die sie umgebenden Lebensumstände angeht. Oder sogar einfach nur auf Zufällen oder reinem Glück. Die Frage, die sich uns stellt, ist: Können wir unseren zwanghaften Wunsch loslassen, in herrschsüchtiger Absicht in das Leben anderer Menschen einzugreifen und ihnen zu sagen, wie sie nach unserer Ansicht handeln und entscheiden sollten? Und: Können wir uns einfach mit ihnen freuen, auch wenn unser Rat falsch und ihre Entscheidung richtig war?

Als mein Freund mir die bahnbrechenden Erfahrungen seines Vaters in Indien in allen Einzelheiten schilderte, sah ich vor meinem geistigen Auge eine ganze Kaskade von Emotionen in mir ablaufen – Betretenheit, Skeptizismus, ein Anflug von Spott und sogar ein kleines bisschen Groll –, doch ich wusste, dass ich in Bezug auf diese Gefühle die Freiheit der Wahl hatte. Gefühle dieser Art loszulassen, statt ihnen in selbstgerechter Manier anzuhaften und uns vielleicht sogar unser Handeln von ihnen diktieren zu lassen, bereitete mir in diesem Fall echte und begeisternde Freude. Heute stelle ich mir mitunter absichtlich die Frage: "Welchen Gewinn würde ich für mich aus dem Verlust ziehen, den diese Person erleidet?" Und immer wieder wird mir dann sehr schnell klar, dass ich aus Verlust, Schmerz oder Leid einer anderen Person überhaupt keinen Nutzen ziehe. Der wirkliche Nutzen besteht darin, die Bühne des Lebens nur dann voll und ganz überschauen zu können, wenn wir nicht ständig das Bedürfnis spüren, in ihrem Mittelpunkt zu stehen, sondern auch andere diese Stelle einnehmen lassen und uns mit ihnen an ihren positiven Lebenserfahrungen erfreuen.

Gemeinschaftssinn

Jean Vanier, der Gründer von *L' Arche Communities* ("Arche-Lebensgemeinschaften"), einer internationalen ökumenischen Organisation, sagt, die Arche sei ein Ort, an dem "Menschen unabhängig von ihrer Rasse, Kultur, Begabung oder Behinderung zusammenfinden und ihre Gaben der Welt offenbaren können. Sie wissen genauso wie ich, dass wir alle als schwache, hilflose Wesen geboren werden und unser Leben oft ebenso endet. Auf die eine oder andere Weise tragen wir alle unsere Verletzungen und 'Frakturen' mit uns herum. Die einzige Antwort auf das Leben ist, sich gegenseitig Liebe zu schenken."

Vanier sagt, dass das Zusammenleben mit behinderten Menschen ihn gelehrt hat, was es heißt, menschlich zu sein: "Der ganze Schmerz in unserer gegenwärtigen Welt ist der Schmerz von Mauern, die wir errichtet haben und die uns voneinander trennen."

Ich dachte an die vielen Bedeutungsfacetten, die mit dem Wort "Gemeinschaft" zum Ausdruck gebracht werden, als ich Folgendes in der Zeitung las:

ILLEGALER EINWANDERER
RETTET JUNGEN IN DER WÜSTE

Von Terry Tang, Autor für Associated Press
Samstag, 24. November 2007 (AP)

Ein neun Jahre alter Junge war auf der Suche nach Hilfe, nachdem seine Mutter mit dem Familien-Van in der Wüste von Südarizona in einen schweren Verkehrsunfall geraten war. Ein Mann, der illegal in die USA eingewandert war, fand ihn und blieb bei ihm, bis am Tag darauf Hilfe eintraf, wie ein Behördensprecher mitteilte.

Die fünfundvierzigjährige Frau, die noch vor Eintreffen der Hilfskräfte vor Ort ihren Verletzungen erlegen war, war am Erntedanktag eine schmale, kurvenreiche Straße in einem abgelegenen Landstrich unmittelbar nördlich der Grenze zu Mexiko entlanggefahren, als sie in einer Kurve die Kontrolle über ihr Fahrzeug verlor, so der County Sheriff von Santa Cruz, Tony Estrada.

Der Van war in einen tiefen Graben gestürzt und befand sich zum Zeitpunkt des Eintreffens der Hilfskräfte hundert Meter abseits der Straße, so Estrada. Die aus dem Ort Rimrock nördlich von Phoenix stammende Frau hatte den Aufprall zwar überlebt, konnte sich aber aus eigener Kraft nicht aus dem Fahrzeug befreien, weil sie eingeklemmt war.

Ihr Sohn, unverletzt aber orientierungslos, konnte sich aus dem Van befreien und war auf der Suche nach Hilfe, als er etwa zwei Stunden nach dem Unfall von Jesus Manuel Cordova, einem sechsundzwanzigjährigen Mexikaner aus Magdalena de Kino im nordmexikanischen Bundesstaat Sonora, aufgefunden wurde. Doch auch der Mann war nicht imstande, die Frau aus dem Fahrzeug zu befreien, und so blieb er bei dem Jungen, um ihm Halt und Trost zu geben, während sie beide auf Hilfe warten. Die Frau erlag ihren Verletzungen kurze Zeit später.

"Er blieb bei ihm und versicherte ihm, dass alles wieder gut würde", berichtete Estrada. Als die Nacht hereinbrach und es kalt wurde, gab er dem Jungen eine Jacke, machte ein Lagerfeuer und blieb bei ihm bis zum Morgen des darauffolgenden Tages. Gegen etwa 8.00 Uhr wurden sie dann von Jägern entdeckt, die den Vorfall darauf sofort den Behörden meldeten, sagte Estrada. Als Vorsichtsmaßnahme wurde der Junge mit einem Rettungshubschrauber zum *University Medical Center* in Tucson geflogen, doch die medizinischen Untersuchungen ergaben, dass er offensichtlich unverletzt geblieben war.

"Wir vermuten, dass die beiden sich irgendwie verständigt haben, doch wir wissen nicht, ob der Junge Spanisch verstand oder der Mann Englisch sprach", sagte Estrada über den Jungen.

"Für einen Neunjährigen muss es eine zutiefst traumatische Erfahrung sein, seine Mutter im Sterben liegen zu sehen und dort draußen in der Wildnis völlig auf sich allein gestellt zu sein", fügte Estrada hinzu. "Doch das Kind hatte Glück, dass Cordova dort war. Dieser Mann war seine Rettung."

Cordova wurde von Grenzschutzbeamten, die als Erste nach den Jägern am Unfallort eingetroffen waren, in Gewahrsam genommen. Er hatte versucht, auf illegale Weise in die USA zu gelangen, traf dann aber auf den umherirrenden Jungen – und änderte seine Pläne.

Der Junge und seine Mutter waren in der Gegend zelten gewesen, so Estrada. Der Ehemann der Frau und Vater des Jungen war nur zwei Monate zuvor verstorben. Die Namen der Frau und ihres Sohns waren nicht veröffentlicht worden, bis es gelungen war, Verwandte der Familie zu benachrichtigen.

Estrada ergänzte, dass Cordova dem Jungen höchstwahrscheinlich das Leben gerettet habe. Sein Handeln zeige, dass man illegale Einwanderer nicht immer sofort als kriminelle Charaktere brandmarken sollte.

"Diese illegalen Einwanderer werden aus vielen Gründen schlechtgemacht, doch es gibt auch immer wieder Vorfälle, bei denen sie eine Menge Gutes tun. Ganz offensichtlich ist dies ein Beispiel dafür", sagte er.

Als ich dies las, war ich zu Tränen gerührt; das Schicksal jedes dieser Menschen ging mir sehr zu Herzen: das des Jungen, das seiner Eltern, die so kurz nacheinander den Tod fanden, und das von Mister Cordova. Gerade er verdiente in meinen Augen Respekt für sein Verhalten; er hätte den Jungen sich selbst überlassen und den Einwanderungsbehörden entkommen können, um seine Träume und Ambitionen in den USA zu verwirklichen, doch er zog es vor, dem schwer traumatisierten Kind beizustehen, auch wenn dies höchstwahrscheinlich seine sofortige Abschiebung bedeutete. Manchmal zahlt ein Mensch einen hohen Preis für seine Güte und Hilfsbereitschaft.

Wenn wir Menschen, denen wir im Leben begegnen, starr in Kategorien wie "gut" oder "schlecht" oder "nicht der Beachtung wert" einteilen, gibt uns dies oft ein Gefühl der Sicherheit. Doch bei genauerem Hinsehen stellen wir fest, dass solche Kategorisierungen uns daran hindern, wirklich mit anderen Menschen in Verbindung zu treten, und als Folge stellt sich bei uns ein qualvolles Gefühl des Alleinseins ein.

Als menschliche Wesen verfügen wir über ein unglaublich großes Potenzial für Wachstum, Verstehen und Liebe. Auch wenn wir aufgrund der Handlungen anderer mitunter verärgert und verschlossen reagieren, haben wir doch immer noch die Wahl, Mitgefühl zu zeigen und von Herzen zu geben. Wir können innehalten, bevor wir im Affekt auf etwas reagieren, und uns bemühen, uns ein klareres Bild von uns selbst und unserem Gegenüber zu machen. Selbst wenn wir bestimmte Menschen nicht mögen oder nicht wirklich kennen, können wir das Menschliche und Gütige in ihnen erkennen – und somit ihre Wandelbarkeit und Vielschichtigkeit.

Wir haben jederzeit die Wahl, uns eine neue Sichtweise der Menschen und Umstände um uns herum anzueignen und so unsere stereotypen Klischeevorstellungen von Menschen, die anders zu sein scheinen als wir, neu zu überdenken. Das Gleiche gilt für die gewohnheitsmäßige Gleichgültigkeit, die wir bisher Menschen gegenüber an den Tag gelegt haben, die wir nicht kennen oder die uns fremd sind. Und diese neue Sichtweise können wir dann ausweiten auf immer weitere Bereiche des Lebens bis hin zum Umgang mit Menschen anderer Kulturen, Religionen oder Nationen. Dies wird nach und nach die Mauern unserer geistigen Konditionierung einreißen und uns vom Schmerz unseres bisherigen Eingeschlossenseins befreien.

Eine Vision des zwischenmenschlichen Miteinanders

E s läuft wirklich alles auf das hinaus: dass alles im Leben miteinander in Wechselbeziehung steht. Wir sind alle in einem unentrinnbaren Netz der Gegenseitigkeit gefangen, von einer einzigen Hülle des Schicksals umgeben. Was immer einen direkt betrifft, betrifft indirekt alle. Wir sind dafür geschaffen zusammenzuleben, das liegt an der ineinandergreifenden Struktur der Wirklichkeit. Hast du dir je darüber Gedanken gemacht, dass du des

Morgens nicht zur Arbeit gehen kannst, ohne vom größten Teil der Welt abhängig zu sein? Du stehst morgens auf und gehst ins Badezimmer und greifst nach dem Schwamm, und er wird dir von einem Inselbewohner aus dem Pazifik gereicht. Du greifst nach einem Stück Seife, und du empfängst sie aus den Händen eines Franzosen. Und dann gehst du in die Küche, um deinen Morgenkaffee zu trinken, und den schenkt dir ein Südamerikaner ein. Und vielleicht willst du Tee: Den schenkt dir ein Chinese ein. Oder vielleicht hast du gern Kakao zum Frühstück, und den schenkt dir ein Westafrikaner ein. Und dann streckst du die Hand nach deinem Toast aus – und der kommt aus den Händen eines englischsprechenden Farmers, vom Bäcker nicht zu reden. Und ehe du am Morgen dein Frühstück fertig gegessen hast, bist du schon von mehr als der halben Welt abhängig gewesen. So ist unser Universum gefügt, das ist sein auf Wechselbeziehungen beruhendes Wesen. Wir werden keinen Frieden auf Erden haben, ehe wir nicht diese gegenseitige Abhängigkeit allen Seins begreifen.

Martin Luther King Jr.

Wenn all unsere Handlungen von einer Vision der Gemeinsamkeit und des Miteinanders gekennzeichnet sind, dann werden Liebe, Güte und Wohlwollen uns bei all unseren Bestrebungen unterstützen und voranbringen. Gemeinsamkeit und Verbundenheit sind keine abstrakten Fantasievorstellungen, sondern die direkte Vision einer tieferen, grundlegenden Realität.

Denken Sie einen Moment lang an einen Baum. Wir sehen diesen Baum als ein klar und eindeutig definiertes Objekt, das dort für sich allein steht. Doch auf einer anderen Ebene der Wahrnehmung ist es nicht so, dass der Baum vollkommen von seinem Umfeld getrennt ist. Vielmehr ist er in ein außerordentlich subtiles Gewebe von Wechselbeziehungen eingebunden.

So übt zum Beispiel der Regen, der auf den Baum fällt, eine Wirkung auf ihn aus, ebenso wie der Wind, der durch seine Krone und um ihn herum weht. Der Boden, auf dem er wächst, versorgt ihn mit Nährstoffen, trägt und erhält ihn. Viele andere Einflüsse, wie etwa das Wetter, das Sonnenlicht, das Mondlicht und sogar die Luftqualität, üben ebenso eine Wirkung auf ihn aus.

Das Bewusstsein für unsere Umwelt zeigt uns, dass es so etwas wie "wir" und "sie" eigentlich gar nicht gibt. Was "dort drüben" geschieht, hat sehr wohl einen Einfluss auf das, was "hier vor Ort" geschieht. Das lehren uns auch die Wirtschaftswissenschaften ebenso wie die Epidemiologie (Wissenschaft von der Entstehung, Verbreitung, Bekämpfung und den sozialen Folgen von ansteckenden Massenerkrankungen).

Als ich das erste Mal von AIDS hörte, wurde dieses Leiden als eine exotische und nur selten auftretende Krankheit beschrieben, an der hauptsächlich haitianische Einwanderer litten. Zu jener Zeit kannte ich niemanden aus Haiti, und so konnte ich mir nicht vorstellen, je einen Menschen kennenzulernen, der an dieser besonderen Krankheit sterben könnte. Als ich das erste Mal von SARS (Schweres Akutes Atemwegssyndrom) hörte, war es etwas weit Entferntes. Nur durch den "planetarischen Crashkurs" in Epidemiologie, den wir alle in der Zwischenzeit durchlaufen haben, änderte sich meine Sichtweise; ich kam mehr und mehr zu der Erkenntnis, dass das, was "denen dort drüben" zustößt, auch "uns hier" beeinflussen kann und wird. Wir sind keinesfalls so stark voneinander getrennt, wie wir vielleicht glauben mögen.

Dies sind gute und schlechte Neuigkeiten zugleich. Die schlechten Neuigkeiten drücken sich beispielhaft in der Umweltzerstörung der heutigen Zeit aus. Dinge wie Misswirtschaft, Rücksichtslosigkeit oder die grausame Missachtung elementarer Naturprinzipien in einer bestimmten Region der Welt können sich über Kontinente hinweg auf andere Regionen auswirken: Luftverschmutzung, Überschwemmungen, Zu- und Abwanderung aus bestimmten Gebieten, Artenvielfalt in Flora und Fauna. Dies kommt auch beispielhaft zum Ausdruck in der weltweiten Verbreitung ansteckender Krankheiten durch Menschen, die aufgrund bestimmter Bedürfnisse, wegen Handelstätigkeiten, der Erbringung von Dienstleistungen oder einfach nur aus Abenteuerlust die Welt bereisen. Was also an einem bestimmten Ort geschieht, hat genau deshalb Auswirkungen an einem anderen Ort, weil wir, wie gerade beschrieben, so eng miteinander verbunden sind.

Die gute Nachricht in diesem Zusammenhang ist, dass das gleiche Gesetz der gegenseitigen Verbundenheit uns auffordert, unsere starre Unterscheidung zwischen "hier" und "dort", "wir" und "sie" aufzugeben, stärker auf die Bedürfnisse anderer einzugehen und uns bewusst zu machen, dass die Verantwortung und Fürsorge für andere ein untrennbarer Teil der wahren Verantwortung und Fürsorge für uns selbst ist.

Die Tatsache, dass jeder und alles einen Einfluss auf das ihn umgebende nähere oder weitere Umfeld hat, ist eine Aufforderung, unsere gegenseitige Verbundenheit anzuerkennen und allen anderen Lebewesen Mitgefühl entgegenzubringen. Wenn wir diese Verbundenheit mit allem und allen schätzen und respektieren, kann uns dies für eine natürliche, von Herzen kommende Selbstlosigkeit öffnen, die im Grunde nichts anderes ist als eine Reflexion eines nun auf ehrlichere Weise geführten Lebens. Wenn wir uns bewusst machen, wie stark wir eigentlich alle miteinander verflochten sind, wird uns auch klar, dass alles um uns herum auch mit uns und unserem eigenen Leben zu tun hat – eine kranke Person in China ebenso wie eine nach Bildung hungernde Frau in Afghanistan oder ein Kind in Südafrika, das zur Weihnachtszeit einen eineinhalbtägigen Fußmarsch auf sich nimmt, um eine Tüte Kartoffelchips und eine Dose Limonade aus der Hand von Nelson Mandela entgegenzunehmen.

Wir können nicht unsere Augen abwenden und an denen vorbeischauen, die unter Schmerzen, Hunger, Krankheit oder anderen schrecklichen Verhältnissen leiden. Wir können nicht durch diese Menschen einfach hindurchschauen, wenn wir für uns eine erfreulichere Lebensperspektive anstreben. Wir können nicht selbstvergessen und blind gegenüber den Sehnsüchten, dem Schrecken und der Resignation in den Augen eines Kindes irgendwo am anderen Ende des Globus durchs Leben gehen – fest entschlossen, diesen Anblick so schnell wie möglich wieder zu vergessen. Unser Bild des Lebens schließt notwendigerweise auch die Belange und Anliegen anderer Menschen mit ein, denn die einfache Wahrheit ist: Nur so wird dieser Planet zu einem sicheren und friedvollen Platz für alle.

Es gibt Zeiten, in denen wir von der Realität abgeschnitten sind. Doch wir sollten uns immer wieder die Zeit nehmen zu verstehen, wie viele Voraussetzungen zusammenkommen müssen, damit wir auch nur eine einzige Mahlzeit auf dem Teller haben: die Menschen, die unsere Nahrungsmittel anbauen, die Tiere, die ihre Milch für uns geben – und der ganze Planet als solcher, der uns unsere Lebensgrundlage liefert.

Wir können ein feineres Gespür für die gegenseitige Abhängigkeit entwickeln, in der wir leben; wir können mit den Trugschlüssen und Irrtümern aufräumen, die erst dadurch zustande kamen, dass wir der fixen Idee der Trennung zwischen uns und unseren Mitmenschen erlagen. Um die Mahlzeit auf unserem Teller zu dem zu machen, was sie ist, sollten wir uns der vielen Umstände, Einflüsse, Beziehungen und Verflechtungen bewusst werden, die überhaupt Voraussetzung dafür sind, dass wir etwas zu essen haben. Dasselbe gilt für den Umgang mit einem Obdachlosen, einem Opfer häuslicher Gewalt, einem (vermeintlichen) Widersacher – und mit uns selbst.

Im Mahayana-Buddhismus, einer der drei Haupt-richtungen des Buddhismus, findet sich im Avatamsa-ka-Sutra-Mythos ein bekannter bildlicher Ausdruck dieser Verbundenheit und gegenseitigen Abhängigkeit als Lehrmodell; es wird als "Indras Netz" bezeichnet, und in besagtem Mythos heißt es an jener Stelle: "Im Himmel von Indra ist ein gigantisches Netz, das in jedem seiner Knotenpunkte eine spiegelnde Perle in sich trägt. Durch die Spiegelung ihrer unmittelbaren Nachbarn spiegelt jede Perle die Unendlichkeit aller Perlen in den äußersten Räumen des Gesamtnetzes, weil jede Perle das Spiegelbild ihres Nachbarn in sich trägt." Das bedeutet: Wenn wir *ein* Ding (Perle) betrachten, schauen wir tatsächlich auf *alle* Dinge.

Übertragen auf das tägliche Leben, führt dies zu einer viel realistischeren Wahrnehmung der größeren Muster, Verflechtungen und Zusammenflüsse, von denen wir alle ein Teil sind. Diese Klarheit der Wahrnehmung ist der Ursprung aller Erkenntnis und Einsicht in die größeren Zusammenhänge des Lebens – und der Ursprung des wahren Mitgefühls und hingebungsvollen Engagements für unsere Mitmenschen.

Für immer und ewig

Wir Menschen sind soziale Wesen. Wir kommen in diese Welt, weil andere Menschen gehandelt haben. Auch um zu überleben, sind wir auf andere angewiesen. Ob es uns gefällt oder nicht – es gibt kaum einen Augenblick im Leben, in dem wir nicht von den Handlungen anderer profitieren. Daher ist es eigentlich nicht verwunderlich, dass ein Großteil unseres Glücks im Rahmen der Beziehungen zu anderen entsteht. Es ist auch nicht so sehr bemerkenswert, dass wir die intensivste Freude empfinden, wenn unseren Taten die Sorge *um andere zugrunde liegt. Doch das ist ja nicht alles. Denn wir stellen fest, dass altruistisches Verhalten nicht nur Glück schafft, sondern auch unser Leid verringert. Damit meine ich nicht, dass ein Mensch, dessen Handlungen darauf abzielen, andere glücklich zu machen, weniger Härten im Leben erdulden muss als jemand, der das nicht tut. Krankheit, Alter und andere Beschwernisse ereilen uns alle. Doch jene Leiden, die unseren inneren Frieden untergraben – Ängste, Zweifel, Enttäuschungen –, treten eindeutig weniger auf. Wenn wir uns um andere bemühen, sorgen wir uns weniger um uns selbst. Und wenn wir uns weniger um uns selbst sorgen, dann ist die Empfindung unserer eigenen Leiden weniger intensiv.*

Der Dalai-Lama

Vor einigen Jahren reiste ich nach Tucson, Arizona, um dem Dalai-Lama bei einem seiner Lehrvorträge zuzuhören. Ich hatte alles so organisiert, dass ich schon einen Tag vor seinem Vortrag eintreffen würde, weil ich mich in Tucson noch mit Leuten treffen wollte, die ich dort kannte. Meine Pläne wurden jedoch durchkreuzt, weil sich der Abflug vom New Yorker LaGuardia-Flughafen um über vier Stunden verzögerte. In der

Rückschau bezeichne ich jene Stunden an Bord des Flugzeugs im Scherz manchmal als "den Zusammenbruch der Zivilisation". An Bord des Flugzeugs war es heiß, und die Temperatur stieg stetig. Nach einer Weile wurden die Stimmen einiger Mitreisender lauter: "Lassen Sie mich hier raus, ich will von Bord!" Der Pilot der Maschine meldete sich daraufhin mit ernster und entschlossener Stimme über die Bordlautsprecher zu Wort: "Niemand verlässt dieses Flugzeug."

Ich selbst fühlte mich auch nicht allzu wohl an Bord. Ich konnte die Leute, die mich am Flughafen von Tucson in Empfang nehmen wollten, nicht erreichen und machte mir Gedanken um sie. In New York City stand mir ein Apartment zur Verfügung, in dem ich die Nacht bis zum darauffolgenden Tag hätte verbringen können, und ich dachte bei mir – natürlich vergebens: "Ich kann ja einfach die Nacht im Apartment verbringen und es morgen noch mal probieren." Mir war heiß, und ich fühlte mich, als ob die laut herumrufenden Menschen um mich herum gewissermaßen "verbal auf mich einschlagen würden".

Dann erinnerte ich mich an ein mentales Bild, das Bob Thurman, Professor für buddhistische Studien an der *Columbia University*, oft benutzte, um den Fluss der Güte und des Mitgefühls zu beschreiben, der dadurch entsteht, dass wir die Welt wahrheitsgetreuer betrachten.

Er sagte: "Stellen Sie sich vor, Sie sitzen in der New Yorker U-Bahn. Plötzlich erscheinen diese Marsianer mit ihren Strahlenkanonen und 'zappen' alle Fahrgäste in Ihrem Waggon auf einmal, so dass sie alle unentwirrbar miteinander energetisch verstrickt sind – für immer und ewig." Was tun wir dann? Nun, wenn jemand hungrig ist, geben wir ihm etwas zu essen. Wenn jemand durchdreht, versuchen wir, ihn zu beruhigen. Vielleicht mögen wir die Leute um uns herum überhaupt nicht, vielleicht können wir auch ihr Verhalten nicht gutheißen – doch wir sind nun einmal auf alle Zeit mit ihnen verbunden und müssen deshalb aus dem Wissen heraus handeln, dass wir alle miteinander in Wechselbeziehung stehen und es auch bleiben.

Als ich so im Flugzeug saß und mich an diese kleine Geschichte von Bob erinnerte, schaute ich mich in der Kabine um und dachte bei mir: "Vielleicht sind dies 'meine' Leute …"

Es war faszinierend zu beobachten, dass meine Ungeduld – "Könnten Sie nicht etwas leiser sein?" – und meine Verzweiflung – "Wie lange dauert das Ganze denn noch?" – einem stärkeren Interesse an den Menschen um mich herum wichen: Wer sind diese Menschen? Ist es wirklich zwingend erforderlich, dass sie alle rechtzeitig am Zielflughafen ankommen? Was erwartet sie dort? So beobachtete ich amüsiert das Wechselspiel meiner Gedanken und Gefühle, und als auf die Frage "Wie lange noch?" in meinem Geist die Antwort "für immer und ewig" kam, bemerkte ich, wie sich mein Weltbild von "ich" und "sie" zu "wir" verschob.

Liebevolles Mitgefühl für
Betreuungs- und Pflegekräfte

Verhaltensforscher haben festgestellt, dass es ein stetig wachsendes Interesse an der Beziehung zwischen positiven Emotionen wie etwa Mitgefühl, Güte, Wohlwollen, Dankbarkeit und Selbstlosigkeit einerseits und Freude, Glück, Gesundheit und Langlebigkeit andererseits gibt. In seinem "Works of Love"-E-Newsletter vom 1. Januar 2008 schrieb Dr. Stephen Post: "Zahlreiche Belege sprechen für die folgende Hypothese: Das so ziemlich Beste, was ein Mensch für seine Gesundheit tun kann, ist, sich weniger mit sich selbst zu beschäftigen und sich um sich selbst Sorgen zu machen, ebenso wie sich von jeglichen Gefühlen wie Feindseligkeit und Verbitterung freizumachen; und ganz offensichtlich gibt es keinen besseren Weg, dies zu tun, als sich darauf zu konzentrieren, anderen zu helfen."

Doch leider stimmt es auch, dass wir uns von dem Schmerz und Leid überwältigt fühlen können, dem wir begegnen, wenn wir uns anderen Menschen widmen. Wir verlieren dann vielleicht das Gefühl für unsere eigenen Belange, weil wir so gestresst sind; wir vergessen, uns ausreichend um uns selbst zu kümmern, und wo wir zuvor anderen vielleicht noch gern geholfen oder gedient haben, sind wir nun zu erschöpft, ausgezehrt und verzweifelt, als dass wir noch weiterhin die Kraft dafür aufbringen könnten. Als ich einmal am *Walter Reed Hospital* in Washington, DC, einen Workshop für Krankenschwestern hielt, sagte mir eine von ihnen: "Diejenigen Schwestern, die sich hier wohlfühlen und gute Arbeit leisten, sind die, die wissen, dass der menschliche Geist über eine hohe Spannkraft und Belastbarkeit verfügt. Schwestern, die sich nur allzu leicht von dem ganzen Kummer und Leid hier überwältigt fühlen, halten es nicht lange aus und kehren dem Krankenhaus schon bald den Rücken."

Diese Neigung, sich bis zum Punkt der totalen Erschöpfung und Überwältigung um andere zu kümmern, findet man vor allem bei Menschen, die in ihrer Familie ein Mitglied haben, das an einer Krankheit wie zum Beispiel Alzheimer leidet, und die für die Pflege dieses Familienmitglieds nicht genug Hilfe und Unterstützung erhalten. Man findet dies auch bei Personen, die es aufgrund ihres Berufs regelmäßig mit schwer traumatisierten Menschen zu tun haben, wie etwa Feuerwehrleute, Notärzte, Missbrauchsbeauftragte und Sozialarbeiter, die es mit Opfern häuslicher Gewalt und anderen Formen von Schmerz und Leid zu tun haben. Und diese Tendenz zeigt sich auch, wenn die Motivation für unsere Pflege und Fürsorge nicht so sehr Selbstlosigkeit ist als vielmehr alten Gewohnheiten, wahrgenommenen Zwängen oder Missbrauch – sowohl unterschwellig als auch offen – entspringt.

Der entscheidende Punkt, ja der Schlüssel zu einem Leben voller Güte und Wohlwollen sowohl uns als auch anderen gegenüber scheint das Halten einer gewissen Balance zu sein. Wir müssen ein gesundes Gespür für Grenzen entwickeln. Wir müssen uns immer wieder auch auf uns selbst besinnen und für Liebe und Freude in unserem Leben sorgen. Vielleicht bedarf es dazu eines Gesinnungswandels, so dass wir imstande sind, das Lächeln eines Kindes zu schätzen, während wir gleichzeitig bemüht sind, ein schier überwältigendes, hartnäckiges Problem zu lösen. Wir müssen uns immer wieder auf das besinnen, was uns und unserem Leben Bedeutung verleiht. Wir müssen uns der Dinge bewusst sein, die außerhalb unserer Kontrolle liegen, und dennoch weiterhin von Mitgefühl für die Menschen um uns herum erfüllt sein. Dann gelingt es uns, Weisheit und Wohlwollen miteinander in Einklang zu bringen.

Meditation über liebevolles Mitgefühl für Betreuungs- und Pflegekräfte

Ob Sie sich um ein Kleinkind, einen hochbetagten Elternteil, einen widerspenstigen Teenager, einen ungeduldigen Geschäftskunden oder eine Gruppe von Menschen kümmern, für die Sie Pflichten und Verantwortungen übernehmen – jede funktionierende Betreuungs- und Pflegebeziehung baut auf einer gewissen Balance zwischen der Öffnung des eigenen Herzens und der Akzeptanz der Grenzen dessen, was man leisten kann, auf. Dies ist das Gleichgewicht zwischen Mitgefühl und Gleichmut. Mitgefühl ist das Beben des Herzens als Reaktion auf Schmerz und Leid anderer Menschen. Gleichmut ist wie eine weiträumige Stille, die Dinge und Umstände so akzeptieren kann, wie sie sind. Die Balance zwischen Mitgefühl und Gleichmut gestattet es uns, uns um andere zu kümmern, ohne uns dabei bis zur völligen Erschöpfung zu verausgaben und dadurch der Aufgabe vielleicht nicht mehr gewachsen zu sein.

Das Folgende ist eine Meditation über liebevolles Mitgefühl vor allem für Betreuungs- und Pflegekräfte. Die dabei verwendeten Affirmationen spiegeln diese Balance zwischen Mitgefühl und Gleichmut wider. Wählen Sie ein oder zwei dieser Affirmationen aus, die für Sie persönlich bedeutungsvoll oder aussagekräftig sind. Sie können sie nach Ihren eigenen Wünschen abändern oder auch selbst formulierte Affirmationen verwenden, die für Sie zutreffender sind.

Setzen oder legen Sie sich zu Beginn der Übung so bequem wie möglich hin, nehmen Sie einige tiefe Atemzüge und lassen Sie Ihren Körper zur Ruhe kommen. Richten Sie Ihre Aufmerksamkeit auf Ihren Atem, und beginnen Sie dann, die ausgewählten Affirmationen im Rhythmus mit Ihrem Atem mehrmals leise auszusprechen. Sie können auch Ihre Aufmerksamkeit nur auf die Affirmationen als solche richten, ohne den Atem als "Anker" zu benutzen.

Fühlen Sie die Bedeutung dessen, was sie aussprechen, ohne jedoch irgendetwas zu erzwingen. Lassen Sie sich, wie schon zuvor, einfach von der Übung tragen.

> *"Möge ich meine Hilfe und Gegenwart anderer Menschen ohne Vorbedingungen anbieten, in dem Wissen, dass mir diese Menschen als Reaktion darauf sowohl dankbar als auch zornig oder gleichgültig begegnen können."*

> *"Möge ich die innere Kraft haben, um wirklich helfen und geben zu können."*

> *"Möge ich meinen inneren Frieden bewahren und meine Erwartungen loslassen."*

> *"Möge ich anderen meine Liebe schenken, auch wenn ich weiß, dass ich den Lauf des Lebens nicht kontrollieren kann."*

> *"Ich nehme Anteil an deinem Schmerz, kann aber keine Kontrolle über ihn ausüben."*

> *"Ich wünsche dir Glück und Frieden, kann deine Lebensentscheidungen aber nicht für dich treffen."*

> *"Möge ich meine Beschränkungen mit Mitgefühl betrachten, so wie ich auch die Beschränkungen anderer Menschen betrachte."*

Lebenslektionen

Ich glaube, ich erwähnte es bereits zuvor, dass mein Bruder und ich vor einiger Zeit eines Abends mit dem Wagen von Atlanta, Georgia, nach Chattanooga, Tennessee, gefahren waren. Er saß am Steuer. Und aus irgendeinem Grund waren die uns an jenem Abend entgegenkommenden Autofahrer sehr unhöflich. Sie hielten es nicht für nötig, ihr Abblendlicht einzuschalten, als sie uns entgegenkamen; fast jeder von ihnen ließ das Fernlicht eingeschaltet und blendete uns. Und ich erinnere mich noch sehr genau, wie mein Bruder A. D. zu mir herüberschaute und in wütendem Tonfall sagte: "Jetzt weiß ich, was ich machen werde: Beim nächsten Wagen, der uns entgegenkommt und dessen Fahrer sich weigert, das Abblendlicht einzuschalten, werde ich mich ebenso weigern, mein Abblendlicht einzuschalten; dann wird er schon sehen, wie sich diese Rücksichtslosigkeit anfühlt." Ich sah ihn daraufhin an und antwortete sofort: "Oh nein, tu das nicht. Es wäre viel zu hell auf der Straße, und im Endeffekt läuft es für alle Beteiligen auf ein destruktives Gegeneinander hinaus. Einer von uns muss auf dieser Straße mit gesundem Menschenverstand vorangehen, statt Gleiches mit Gleichem zu vergelten."

Jemand muss genug Einsicht, muss ausreichend gesunden Menschenverstand besitzen, um das Abblendlicht einzuschalten – und das ist das Problem, nicht wahr? Was für unseren Wagen hier auf der Straße gilt, gilt ebenso für Zivilisationen auf ihrer Reise durch die Weltgeschichte. Viele von ihnen blickten auf andere Zivilisationen, die sich weigerten, "ihr Abblendlicht einzuschalten" – und so weigerten sie sich ebenfalls, dies zu tun. Toynbee schreibt, dass von den zweiundzwanzig großen Zivilisationen, die sich im Verlauf der Weltgeschichte zu Macht und Ruhm erhoben, mit Ausnahme von nur sieben von *ihnen sich alle anderen auf dem Schutthaufen der Zerstörung wiederfanden. Warum? Weil Zivilisationen nicht genügend Einsicht und gesunden Menschenverstand aufbrachten, um "das Abblendlicht einzuschalten" ... Und so werden auch wir uns am Ende gegenseitig vernichten, wenn wir es auf unserer eigenen Reise durch die Weltgeschichte an Einsicht und gesundem Menschenverstand mangeln lassen. Irgendwo muss irgendjemand genug Einsicht und gesunden Menschenverstand aufbringen und erkennen, dass Gewalt nur weitere Gewalt erzeugt, Hass nur weiteren Hass, Sturheit nur weitere Sturheit – eine sich verjüngende Abwärtsspirale, die letzten Endes auf die Zerstörung und Vernichtung von allem und jedem hinausläuft. Es muss jemanden geben, der genug Einsicht und Moral an den Tag legt, um die Ketten des Hasses und des Bösen im Universum zu durchschlagen. Und dies tun wir durch Liebe.*

Martin Luther King Jr.

Jeder von uns kann derjenige sein, der "das Abblendlicht einschaltet" – der es wagt, anders zu sein und sich von der Masse abzuheben. Wir können uns eine Welt vorstellen, in der das Miteinander auf Liebe statt auf Hass beruht;

wir können jetzt schon den Tag vorhersehen, an dem wir unser eigenes Glück und das Glück anderer als untrennbar miteinander verbunden sehen – durch die Kraft liebevoller Güte und Achtsamkeit. Indem wir an dieser großen Vision festhalten, richten wir unsere Aufmerksamkeit auf die Schritte, die wir nacheinander unternehmen müssen, um diese Vision Realität werden zu lassen.

REFLEXIONEN

- Wir müssen uns nicht durch die uns täglich umgebenden Umstände definieren und festlegen lassen. Oft beschränken wir unsere Identität – unser Gefühl, wer wir sind – auf unsere Rollen, unsere Stellung, unsere Vorlieben und Abneigungen, unsere Rivalitäten und unsere Ängste. Wenn wir lernen, uns auf eine neue Ebene der Selbsterfahrung zu begeben, stellen wir fest, dass unser Leben viel erfüllter und facettenreicher ist als zuvor und dass viel mehr Potenzial in uns steckt, als wir gewöhnlich glauben. Wir verleihen unserem Leben mehr Sinn, wenn wir Eigenschaften wie liebevolle Güte, Wohlwollen und Achtsamkeit entwickeln, und sind nicht mehr so stark an bestimmte Umstände gebunden.

- Wir können lernen, zwischen unseren inneren Stimmen zu unterscheiden.

  Wir alle kennen das: Es gibt innere Stimmen, die uns gewöhnlich behindern, einschränken oder herabsetzen – Stimmen, die uns in bestimmten Situation oder Umständen festhalten. Doch da gibt es auch noch die Stimmen, die uns zu Glück, Freude, Frieden und Verbundenheit führen; Stimmen, die uns den Weg zu unserer Heilung und Ganzwerdung zeigen. Und wenn wir aufmerksam hinhören, können wir lernen, zwischen diesen beiden Arten von Stimmen zu unterscheiden.

- Wir können darauf vertrauen, dass sich alles in stetem Wandel befindet.

  Wenn wir einen genauen Blick auf ein schmerzliches Gefühl oder eine schwierige Situation werfen, erkennen wir, dass diese Gefühle und Situationen einem steten Wandel unterliegen; sie sind nicht so statisch, unwandelbar oder dauerhaft, wie es manchmal den Anschein haben mag. Die Wut über etwas, das am Morgen geschehen ist, kann etwas später schon verflogen sein. Etwas, das zunächst hoffnungslos aussah, entpuppt sich später als eine doch zu bewältigende Aufgabe, die wir mit Ruhe und Gelassenheit angehen können. Selbst wenn wir uns gerade mitten in einer schwierigen Situation befinden, wandelt sich diese doch fortlaufend, so dass sich immer wieder neue Möglichkeiten ergeben. Sobald wir erkennen, dass sich ausnahmslos alles in stetem Wandel befindet, fühlen wir uns nicht mehr in bestimmten Emotionen oder Situationen gefangen, denn wir erkennen, dass wir immer eine Wahl haben. Wir bekommen ein Gespür für die verschiedenen Möglichkciten, die sich uns bieten, auch wenn uns vielleicht nicht sofort der von uns gewünschte "große Wurf" gelingt.

- Wir alle glauben an etwas. Jeder Mensch glaubt an etwas, das ihm nach seiner Auffassung hilft, Glück und inneren Frieden zu erlangen – selbst wenn es Sinnenfreuden, Rauschzustände oder ständige Arbeit und die Adrenalinschübe sind, die wir durch die Herausforderungen an unserem Arbeitsplatz erfahren. Andere Menschen wiederum finden ihren Lebenssinn vielleicht in der Fürsorge und Liebe für ihr nachbarschaftliches Umfeld. Oft beruht unser Glaube auf unbewussten Motiven oder einfach auf Traditionen, die im Laufe der Zeit an uns weitergereicht wurden. Wenn wir uns dieser Motive bewusst werden, können wir herausfinden, ob sie uns tatsächlich zu Glück und Freude verhelfen – oder nicht. Dann können wir eine bewusste Entscheidung treffen, an die Dinge zu glauben, die uns wirklich durch das Auf und Ab des Lebens hindurchhelfen: die dauerhaften Herzqualitäten wie die Kraft der Liebe und Güte.

- Wir wissen nicht immer genau, was als Nächstes geschehen wird.
  Wenn wir am Morgen das Haus verlassen, um zur Arbeit aufzubrechen, stellen wir bestimmte Mutmaßungen an, wie der restliche Tag verlaufen wird und welche Erfahrungen auf uns zukommen werden. Doch in gewissem Sinn bewegen wir uns jeden Tag erneut ins Unbekannte hinein. Um vernünftig zu handeln, müssen wir vorausplanen, doch statt zu versuchen, das Leben zu beherrschen, indem wir die Kontrolle über alles an uns reißen, können wir bei unseren Planungen einen Schritt zurücktreten in dem Wissen, dass die Dinge sich immer wieder verändern. Wenn wir uns dem Unbekannten mit einem offenen Geist nähern, geraten wir nicht in blinde Wut, wenn unsere Kontrollbemühungen

vereitelt werden; mit dieser Geisteshaltung schaffen wir genug Raum für Liebe und Mitgefühl.

• Auch wenn es den Anschein hat, dass unsere Hilfsbemühungen vergeblich sind, können wir darauf vertrauen, dass sie zu einem anderen Zeitpunkt und an anderer Stelle unerwartete Resultate hervorbringen werden.

Wenn wir versuchen, ein Problem zu lösen, den Zustand der Welt zum Positiven hin zu verändern, einem Freund zu helfen, der Alkoholiker ist, oder ein trauriges Kind zu trösten, kann es oft so scheinen, als ob unsere Bemühungen nirgendwo hinführen. Doch unsere Handlungen sind vergleichbar mit dem Setzen einer Saat in den Erdboden. Wir wissen nicht genau, wann diese Saat Früchte tragen wird, und was zunächst wie ein Fehlschlag aussehen mag, könnte in Wirklichkeit ein Zeitraum sein, den es bis zum vollständigen Reifen der Saat braucht. Unsere Bemühungen, Gutes zu tun, können gestärkt werden, wenn wir den Erfolg oder Misserfolg unserer Handlungen nicht an unmittelbaren, vordergründig offensichtlichen Resultaten messen.

- Wenn wir uns der Gegenwart öffnen, statt sich ihr zu widersetzen, erkennen wir, dass wir in uns die Kraft haben, unseren Weg weiterzugehen – Schritt für Schritt. Selbst in Zeiten von enormem Schmerz und Leid sind wir imstande, uns in einer Weise auf den gegenwärtigen Moment zu beziehen, die uns davor bewahrt, in Verzweiflung und Hoffnungslosigkeit zu verfallen. Zeiten von Schmerz, Leid und Trauer können für uns eine Gelegenheit sein herauszufinden, was uns wirklich wichtig ist. Schmerzen können uns nämlich helfen, oberflächliche Belange in einem neuen Licht zu sehen, und als Folge davon können wir in uns einen starken Drang nach Freiheit, Glück und ganzheitlichem Sein spüren. Wenn wir für diesen Drang empfänglich sind, sind wir jederzeit zu einem Neuanfang imstande. Mitgefühl und Wohlwollen uns selbst gegenüber helfen uns dann in solch schweren Zeiten, Mitgefühl und Wohlwollen allen Lebewesen gegenüber zu empfinden.

Schlusswort

Wir haben die Wahl: Wir können jederzeit aufwachen und unsere alten Muster von Zögern, Zaudern und Zurückgezogenheit schrittweise lösen, um unseren Mitmenschen eine helfende Hand zu reichen und ihnen zu gestatten, auch uns zu erreichen. Wir können uns jederzeit daran erinnern, dass Mitgefühl und Wohlwollen die wahren Kräfte des Glücks sind, unabhängig von den Umständen, in denen wir uns befinden. Wir haben die Fähigkeit, dem täglichen Auf und Ab des Lebens ins Auge zu schauen, unseren Frieden mit der Vergänglichkeit des Lebens zu machen und uns für die

Gnade und erhebende Wesensart des liebevollen Mitgefühls zu entscheiden. Entscheiden wir uns also dafür, diese unsere Fähigkeit jeden Tag aufs Neue zu feiern, indem wir sie Realität werden lassen. Liebevolles Mitgefühl und Wohlwollen können unser Leben heilen – und diese Welt zu einem besseren Ort machen.

WENN WIR DIE DINGE SO BELASSEN, WIE SIE SIND

Wenn wir die Dinge so belassen, wie sie sind,
steigt das Wasser des Flusses mit Namen Güte
an die Oberfläche unseres Lebens.
Nur ein kleiner Schluck davon,
und der Geist lebt wieder auf …
Nimm noch einen Schluck davon,
und dann noch einen größeren.
Dieses Wasser wird in deinem Geäder fließen,
und du wirst keine Angst mehr kennen …
Dann bist du frei,
dich liebevoll um andere zu kümmern,
so wie du dich liebevoll
um deine eigenen Hände und Füße kümmerst.

Krishna Das

Bibliographie

Bhikkhu, Thanissaro, *The Buddha on Skillfulness*, Access to Insight Edition 2002, http://accesstoinsight.org.

Bodhi, Bhikkhu, *In den Worten des Buddha,* Beyerlein und Steinschulte, 2008.

Collins, Billy, *The Apple That Astonished Paris,* Fayeteville, AR: The University of Arkansas Press, 1996.

Seine Heiligkeit der Dalai-Lama, *Das Buch der Menschlichkeit: Eine neue Ethik für unsere Zeit,* Bastei Lübbe, 2000.

Das, Krishna, *Mit den Augen der Liebe*, KOHA, 2010.

Dass, Ram, und Alpert, Richard, *Subtil ist der Pfad der Liebe*, Sadhana, 1983.

Dass, Ram, und Alpert, Richard, *Reise des Erwachens*, Droemer Knaur, 1996.

King, Martin Luther Jr., "Friede auf Erden – Eine Weihnachtspredigt", 24. Dezember 1967, http://www.lebenshaus-alb.de/magazin/002015.html

King, Martin Luther Jr., *Kraft zum Lieben*, Bahn, 1964.

Kyi, Aung San Suu, *Der Weg zur Freiheit*, Bastei Lübbe, 1997.

Kyi, Aung Sang Suu, und Alan Clements, *The Voice of Hope*, New York, Seven Stories Press, 2008.

Kyi, Aung San Suu. *Freedom from Fear and Other Writings, Revised Edition*, New York, The Penguin Group, Penguin Putnam Inc., 1991, 1995.

Nye, Naomi Shihab, *Habibi*, Alibaba, 2000.

Nye, Naomi Shihab, *Words Under the Words: Selected Poems*, Portland, OR, The Eighth Mountain Press, 1995.

Post, Stephen, und Neimark, Jill, *Why Good Things Happen to Good People*, New York, Random House, Doubleday Broadway Publishing Group, Broadway Books, 2007.

Quellennachweis

Quelle der deutschen Übersetzung des Mettā-Sutta: Wikipedia, Benutzer: Lengerke/ Mettāsutta, http://de.wikipedia.org/wiki/Benutzer:-Lengerke/Mett%C4%81sutta

Die drei von Dr. Kristin Neff genannten Hauptbestandteile des Mitgefühls für sich selbst und der von ihr entwickelte Test finden sich auf ihrer Website www.self-compassion.org. Abgedruckt mit freundlicher Erlaubnis von Dr. Kristin Neff, außerordentliche Professorin an der Fakultät für Human Development (menschliche Entwicklung) der Universität von Texas in Austin.

Billy Collins, "Ein weiterer Grund, warum ich keine Waffe im Haus habe", aus *The Apple That Astonished Paris*, Copyright © 1988, 1996 Billy Collins. Abgedruckt mit freundlicher Erlaubnis der University of Arkansas Press, www.uapress.com.

"So viel Freude", aus *Words Under the Words: Selected Poems by Naomi Shihab Nye*, Copyright © 1995. Nachdruck mit freundlicher Erlaubnis von Far Corner Books, Portland, Oregon, USA.

"Studie zeigt: Schon Babys wollen helfen" von Lauran Neergaard, medizinischer Fachautor für Associated Press. Abgedruckt mit freundlicher Erlaubnis von Associated Press. Copyright © 2007. Alle Rechte vorbehalten.

"Illegaler Einwanderer rettet Jungen in der Wüste" von Terry Tang, Autor für Associated Press. Abgedruckt mit freundlicher Erlaubnis von Associated Press. Copyright © 2007. Alle Rechte vorbehalten.

Besonderer Dank geht an Krishna Das für die Schlussworte "*Wenn wir die Dinge so belassen, wie sie sind*".

Über die Autorin

Sharon Salzberg ist eine US-ame-
rikanische buddhistische Autorin und
Meditationslehrerin. 1969 kam sie
während eines Philosophiekurses an
der *State University of New York*, Buf-
falo, erstmals mit dem Buddhismus
in Kontakt. Von 1970 bis 1974 lebte
sie in Indien, wo sie 1971 in Bodhgaya
erstmals einen intensiven Meditati-
onskurs absolvierte. Nach ihrer Rückkehr in die USA begann
Sharon Salzberg Vipassana-Meditation zu lehren. Zusammen
mit Joseph Goldstein und Jack Kornfield gründete sie 1976
die *Insight Meditation Society* (IMS) in Barre, Massachusetts.
1989 gründeten Joseph Goldstein und Sharon Salzberg zusätzlich das *Barre Center for Buddhist Studies* (BCBS). Sie ist
Autorin mehrerer Bücher, unter anderem *Ein Herz so weit wie
die Welt, Die Flügel der Freiheit, Vertrauen heißt, den nächsten
Schritt zu tun. Mein spiritueller Weg* und *Mettā-Meditation:
Buddhas revolutionärer Weg zum Glück* sowie die (auf Englisch
erschienenen) Audioprogramme *Insight Meditation* (mit Joseph
Goldstein) und *Lovingkindness Meditation.*

448 Seiten, Klappenbr.
ISBN 978-3-89845-317-2
€ [D] 19,90

Fred Matser

Für eine Welt mit Herz
Ein Findhorn-Buch

Weisheit ist Wissen, das Wohlergehen fördert!
»Wenn es ein paar mehr Menschen wie dich gäbe, dann würde sich die Welt verwandeln ...«, schreibt Deepak Chopra über den Holländer Fred Matser, der es sich zum Ziel gesetzt hat, mit gegenseitiger Inspiration und Hilfe zur Selbsthilfe eine funktionalere Gesellschaft zu erschaffen. Wie er diese Gesellschaft sowohl spirituell als auch praktisch versteht, erläutert Matser an dem von vielen Menschen als problematisch empfundenen Status quo der Welt. So stellt der Autor sieben Prinzipien vor, die helfen, einen Wandel in uns selbst und in der Welt herbeizuführen.
Dieses Buch ist eine inspirierende Ideenquelle und lädt den Leser dazu ein, gemeinsam mit anderen eine bessere Welt zu schaffen.

248 Seiten, gebunden
ISBN 978-3-89845-318-9
€ [D] 19,90

Gerald Jampolsky & Diane Cirincione

Was uns das Leben lehrt
Inspirierende Lebensgeschichten die unser Innerstes berühren

Nur wenige beherrschen die Kunst, spirituelle Weisheiten so zu vermitteln wie die Bestsellerautoren Gerald Jampolsky und Diane Cirincione. In diesem Buch benutzen sie die hawaiianische Tradition des »Geschichtenerzählens«.
Egal, um welches Thema es geht – Angst, familiäre Wurzeln, das Heilen des Körpers oder unsere Ansichten zu Leben und Tod –, durch alle Geschichten zieht sich ein einfühlsames Mantra spiritueller Schlüsselkonzepte.
In diesen berührenden Geschichten teilen die Autoren ihre spirituellen Erfahrungen mit uns und regen dazu an, dem eigenen Weg zu folgen.

384 Seiten, Klappenbr.,
durchgehend farbig
ISBN 978-3-89845-300-4
€ [D] 16,90

Wayne W. Dyer

365 Quellen der Inspiration

Lebe deine Inspiration!
Wayne W. Dyer, der weltweit bekannte Lebensberater hilft Ihnen, Ihre Inspiration bewusst zu aktivieren, damit sie zu einer kraftvollen Energie in Ihrem Leben werden kann.
Die Botschaft dieses Buches ist klar: Inspiration ist für alle da. Sie ist nicht reserviert für Einzelne, sondern Ihr Geburtsrecht, man muss sie erfahren und erfühlen. Jede Seite dieses wahrhaft inspirierenden Buches bringt Sie einen Schritt näher an ein Leben, in dem Tag für Tag mehr Wunder wahr werden ...

232 Seiten, Klappenbr.
ISBN 978-3-89845-288-5
€ [D] 14,90

Eileen Caddy & David Earl Platts

Die Tore zur Liebe öffnen
Ein Findhorn-Buch

Können wir lernen zu lieben? Oder müssen wir nur warten – und es geschieht von selbst?
Wir alle sind mit der Fähigkeit geboren, uns selbst und andere zu lieben. Schmerzvolle Erfahrungen haben jedoch dafür gesorgt, dass viele von uns innere Schutzwälle errichtet und Ängste, Überzeugungen und Verhaltensweisen entwickelt haben, um diese inneren Barrieren aufrechtzuerhalten. Die wichtigste Lektion im Leben ist es daher, wieder lieben zu lernen ...

Dieses Buch lädt Sie ein, die freie Entscheidung zu treffen, mehr Liebe in Ihr Leben zu bringen, und es hilft Ihnen, diese Entscheidung Schritt für Schritt klar und entschlossen umzusetzen.

128 Seiten, broschiert
ISBN 978-3-89845-329-5
€ [D] 6.95

Ryuho Okawa

Danke, mir geht es bestens!

Herausforderungen gelassen meistern

Wie gehen Sie mit Herausforderungen in Ihrem Leben um? Begegnen Sie schwierigen Situationen gelassen, oder stellen Probleme unüberwindbare Hürden für Sie dar?

Dieses Buch ist ein modernes Trainingsprogramm und zeigt Ihnen, wie Sie in schwierigen Situationen den Überblick und stets eine positive Grundhaltung zum Leben behalten. Universelle Formeln im Buch helfen Ihnen dabei, Ihren einzigartigen Charakter zum Leuchten zu bringen, fröhlich zu sein und sich einen freien Geist zu bewahren.

Dieser wertvolle Begleiter ist eine wahre Schatztruhe für ein Leben in Harmonie.

120 Seiten, broschiert
ISBN 978-3-89845-316-5
€ [D] 6.95

K. A. Francis

OM – Die Essenz der göttlichen Energie

OM ist der Puls des Universums, der Ton des bewussten Seins ... Der Ton von OM hallt in jedem Wort wider, in jeder Bewegung, die im Universum erzeugt wird. Diese Töne und Bewegungen begleiten uns ohne Anfang und Ende!

K. A. Francis hat die heilige Silbe OM analysiert und bringt ihre wesentliche Bedeutung im Einklang mit der heutigen Zeit auf den Punkt, damit OM in Ihrem Innern aufsteigt und Körper und Geist harmonisiert.

Dieses Buch ist eine kleine Schatztruhe und gibt in einer einfachen und schönen Sprache wieder, was jeder über OM wissen sollte, um es für sich zu nutzen.

Ein wunderschön illustriertes Buch aus dem Ursprungsland des OM – Indien.

Weiterführende Informationen zu
Büchern, Autoren und den Aktivitäten
des Silberschnur Verlages erhalten Sie unter:
www.silberschnur.de

Sie können uns alternativ
die beiliegende *Postkarte* zusenden.

Ihr Interesse wird belohnt!